AF640927

Nürnberg gestern und heute

Älteste gedruckte Ansicht Nürnbergs in der Schedelschen Weltchronik, 1493

Zwar lag das heutige Stadtgebiet nur etwa 50 Meter vom Limes entfernt im grenznahen Einflussgebiet des Römischen Reiches, aber das Areal war bewaldet und eignete sich durch seine sandigen unfruchtbaren Böden nicht besonders gut für eine landwirtschaftliche Nutzung. Archäologische Ausgrabungen im Burgbereich förderten Überreste eines auf vor das Jahr 1000 datierten Bergfrieds zutage, der wahrscheinlich zum Besitz der Markgrafen von Schweinfurt gehörte. Anstelle der 1003 in der Auseinandersetzung mit Heinrich II. zerstörten Burg wurde eine königliche Pfalz errichtet, in der Kaiser Heinrich III. 1050 eine Urkunde ausstellte, in der »Nourenberc« das erste Mal schriftlich erwähnt wird. Um das mächtig gewordene Bistum Bamberg zurückzudrängen, übertrug er das Marktrecht von Fürth, das zum Stift Bamberg gehörte, auf die zu Füßen des Burgberges entstandene Siedlung und leitete damit ihren Aufschwung ein. Mitte des 12. Jahrhunderts ließen die Staufer die Burg zur repräsentativen Kaiserpfalz ausbauen und wählten Nürnberg als Verwaltungszentrum der ausgedehnten fränkischen Reichsgüter. Durch zahlreiche Reichs- und Hoftage entwickelte sich die Stadt zu einem wichtigen

Blick über die Fleisch- und Barfüßerbrücke zum Heilig-Geist-Spital, 1699

Zentrum der mittelalterlichen Reichsgewalt. Der von Kaiser Friedrich II. 1219 erlassene »Große Freiheitsbrief« stellte die Bewohner unter den alleinigen Schutz des Königs und gewährte u. a. ein Münzrecht und die Zollfreiheit. Auf diesen Privilegien basierend, entwickelte sich Nürnberg zur Freien Reichsstadt. Das älteste Siegel der Bürgerschaft ist auf das Jahr 1254 datiert, zwei Jahre später wird in der Beitrittsurkunde zum Rheinischen Städtebund erstmals ein Rat aus politisch privilegierten Familien erwähnt.

Die in dieser Zeit entstandene »vorletzte« Stadtbefestigung verband um 1320 die durch die Pegnitz getrennten Stadthälften St. Sebald und St. Lorenz durch eine gemeinsame Stadtmauer. Weil die Stadt weiter schnell wuchs, wurde bis Mitte des 15. Jahrhunderts der bis heute weitgehend erhaltene Mauerring (»letzte« Stadtbefestigung) errichtet. Ein wichtiges Datum der Reichsgeschichte ist der Erlass der »Goldenen Bulle« durch Kaiser Karl IV. 1356 in Nürnberg. Als »erstes Grundgesetz des Reiches« bestimmte sie u. a. das königliche Wahlverfahren und legte fest, dass jeder erste Reichstag eines neuen Herrschers in Nürnberg stattzufinden habe. Der Charakter Nürnbergs als »Hauptstadt des Reiches« wurde symbolisch noch dadurch betont, dass hier ab

1424 die Reichskleinodien, d. h. die Herrschaftsinsignien der Kaiser und Könige des Heiligen Römischen Reiches Deutscher Nation, verwahrt wurden.

Am Übergang des Spätmittelalters zur Frühen Neuzeit, zwischen 1470 und 1530, brach Nürnbergs »goldenes Zeitalter« an. Das Handwerkertum war leistungsstark und hoch spezialisiert, v. a. im metallverarbeitenden und textilveredelnden Sektor. Seine Produkte exportierten Nürnberger Kaufleute nach ganz Europa, die wiederum vielfältige Rohstoffe wie Erze, Stoffe und Farben für die Handwerker in die Stadt zurückbrachten. Die handwerkliche Ausdifferenzierung machte zahlreiche technische Neuerungen und Erfindungen möglich, z. B. in der Kartografie und der astronomischen Messkunst, führte aber auch zur Herausbildung bedeutender Werkstätten, in denen berühmte Künstler wie Albrecht Dürer, Veit Stoß, Adam Kraft oder Peter Vischer für die durch den Fernhandel reich gewordene Oberschicht Kunstwerke ersten Ranges schufen. Außerdem zählte Nürnberg, das auch eine herausgehobene Stellung im Humanismus einnahm, nach Erfindung des Buchdrucks zu den führenden Druckorten des Reiches. Diese Bedeutung spiegelte sich in der Zahl der Einwohner wider: Lebten um 1430 rund 20 000 Menschen in der Stadt, waren es

Georg Philipp Harsdörffer
1607–1658, Jurist und Schriftsteller. Nach Studium und Kavalierstour durch Europa war er ab 1634 im Nürnberger Gerichtswesen tätig. Zeit seines Lebens setzte sich der universell Gebildete für die Legitimation und Aufwertung der deutschen Sprache ein. Als Mitglied der »Fruchtbringenden Gesellschaft« begründete Harsdörffer zusammen mit Johann Klaj 1644 die Sprachgesellschaft des »Pegnesischen Blumenordens«. Die Vereinigung existiert bis heute und gilt als älteste noch bestehende ihrer Art. Sein Werk »Poetischer Trichter« wurde als »Nürnberger Trichter« zur Redewendung für mechanisches Lernen.

Marktplatz, um 1730

etwa 100 Jahre später bereits 45 000, Nürnberg stieg nach Köln zur zweitgrößten Stadt des Reiches auf. 1525 wurde Nürnberg als erste Reichsstadt evangelisch. Unter der Einführung der Reformation litt jedoch das Verhältnis zum Stadtherrn, dem katholischen Kaiser; 1543 fand letztmalig ein Reichstag in Nürnberg statt.

Während des Dreißigjährigen Krieges bot die Stadtmauer Nürnbergs Bevölkerung zwar ausreichend Schutz, aber zum einen war die Handelstätigkeit beeinträchtigt und zum anderen suchte die Landbevölkerung der ausgeplünderten und zerstörten Umgebung Schutz in den Mauern, sodass in der überfüllten Stadt Seuchen ausbrachen und Zehntausende Tote zu beklagen waren. Von April 1649 bis Juni 1650 wurden in Nürnberg auf dem »Friedensexekutionskongress« letzte Details des 1648 geschlossenen Westfälischen Friedens geklärt. Danach brach Nürnbergs »silbernes Zeitalter« an, die Zeit des Barocks, in dem z. B. **Georg Philipp Harsdörffer** eine Sprachgesellschaft mitbegründete, 1662 eine private Malerakademie eröffnete, bedeutende Komponisten wie Johann Pachelbel in der Stadt wirkten oder Maria Sybilla Merian ihre berühmten Blumen- und Insektenbücher herausbrachte. Die reiche Oberschicht traf sich zu dieser Zeit vor den Toren der Stadt in den »Hesperidengärten«.

Im 18. Jahrhundert büßte Nürnberg zunehmend seine führende Rolle im Geistes- und Wirtschaftsleben ein. Die Französische Revolution und die napoleonische Fremdherrschaft führten schließlich zum Zusammenbruch der alten Ordnung – 1806 wurde Nürnberg in das neue Königreich Bayern eingegliedert. Nürnbergs Aufstieg zur Industriemetropole, die unzählige bedeutende Betriebe hervorbrachte, ist eng mit der Dampflokomotive »Adler« verbunden, die 1835 in acht Minuten von Nürnberg nach Fürth fuhr und als erste Eisenbahnfahrt Deutschlands in die Geschichte einging; der Ludwigsbahnhof war der erste deutsche Bahnhof; von Nürnberg aus wurde das Land ab 1844 mit dem Bau der Staatseisenbahn erschlossen.

Nach der »Machtergreifung« Hitlers im Januar 1933 übernahmen die Nationalsozialisten in allen politischen, gesellschaftlichen und kulturellen Bereichen die Kontrolle. Die einst rote Arbeiterhochburg wurde noch im gleichen Jahr zur »Stadt der Reichsparteitage«. Auf dem Reichsparteitag 1935 verkündete Hermann Göring die »Nürnberger

»Nürnberger Prozesse«
Im August 1945 einigten sich die vier Siegermächte auf die Bildung eines internationalen Militärgerichtshofes, der im Oktober 1946 elf Angeklagte des NS-Regimes zum Tode verurteilte. Mit dem Justizpalast an der Fürther Straße verfügte die Stadt über ein intaktes Gerichtsgebäude mit Gefängnistrakt. 1946–1949 schlossen sich weitere Prozesse an, um führende Beteiligte wie Militärs, Ärzte, Industrielle oder Juristen zu verurteilen. 2010 eröffnete im Landgericht eine Ausstellung über Vorgeschichte, Ablauf und Bedeutung des weltweit beachteten Verfahrens (Bärenschanzstraße 72, Apr.–Okt.: Mo/Mi–Fr 9–18 Uhr, Sa/So 10–18 Uhr; Nov.–März: Mi–Mo 10–18 Uhr).

Gesetze«, die u. a. Ehen zwischen Juden und Nichtjuden verboten. Bis 1938 fanden alljährlich im September die einwöchigen Propagandaveranstaltungen statt. Während des Zweiten Weltkrieges gab es mehr als 50 Luftangriffe auf Nürnberg, den schwersten erlitt die Stadt am 2. Januar 1945. **»Des Deutschen Reiches Schatzkästlein«** lag in Trümmern. Am 20. April zogen die US-Amerikaner in der nach Dresden am meisten zerstörten Stadt Deutschlands ein. Ab November 1945 fanden die **»Nürnberger Prozesse«** gegen führende Hauptkriegsverbrecher statt.

Ein bis 1950 entwickelter Grundplan sah einen behutsamen und stadtbildschützenden Wiederaufbau Nürnbergs vor. Innerhalb des Mauerrings wurden prägnante historische Gebäude rekonstruiert und Neubauten unter Einhaltung historischer Grundrisse, Proportionen und Straßenzüge errichtet. Zeitgleich entstand die größte deutsche Denkmalinitiative, heute »Altstadtfreunde Nürnberg e.V.« mit über 5000 Mitgliedern. Dem Wiederaufbau folgte das Erstarken der Wirtschaft. 1955 wurde der heutige Flughafen eröffnet, ab 1967 wurde die U-Bahn gebaut und 1973 das neue Messezentrum errichtet. Heute leben auf einer Fläche von 186 Quadratkilometer in der zweitgrößten Stadt Bayerns rund 540 000 Einwohner.

Die Bezeichnung **»Des Deutschen Reiches Schatzkästlein«** beruht auf Nürnbergs Reichtum und der jahrhundertelangen Verwahrung der Reichskleinodien. Nachdem die Studenten Ludwig Tieck und Wilhelm Heinrich Wackenroder Ende des 18. Jahrhunderts die Stadt besucht und das aus Gotik und Renaissance erhaltene Stadtbild als Zeugnis der großen reichsstädtischen Vergangenheit bestaunt hatten, etablierten sie Nürnberg in der Zeit der Französischen Revolution, in der ein neues Nationalgefühl entflammte, als Sehnsuchtsort der Romantik und prägten das Bild eines Alt-Nürnberg, das noch heute Millionen Touristen in die Stadt zieht.

Nürnberg im April 1945

Christkindlesmarkt
Zu einem der weltweit bekanntesten Weihnachtsmärkte zählt der traditionsreiche Nürnberger Christkindlesmarkt. Im 16. Jahrhundert begann der Brauch, Kinder zu Weihnachten statt wie üblich zu Nikolaus oder Neujahr zu beschenken. Die erste namentliche Erwähnung eines »Christkendleinsmarck« fällt allerdings erst in das Jahr 1697. Bis heute locken die typischen Holzbuden mit ihren rot-weißen Stoffdächern und traditionellen Weihnachtsartikeln wie Spielzeug, Kerzen oder Kunstgewerbe Menschen aus Nah und Fern in das »Städtlein aus Holz und Tuch«. Er beginnt am Freitag des ersten Adventswochenendes.

1 | Hauptmarkt

Tourist-Information Mo–So 9.30–17 Uhr, www.tourismus.nuernberg.de, Tel. 0911 2 33 60

Der Stadtrundgang durch Nürnberg beginnt am zentral gelegenen Hauptmarkt. Im 12. Jahrhundert wurde das sumpfige Gebiet in der Nähe des Flusses Pegnitz, das damals am Rand der Stadt lag, von Juden erschlossen. Als sich jedoch die beiden ursprünglichen Nürnberger Siedlungskerne – Sebald nördlich und Lorenz südlich der Pegnitz – mit einer gemeinsamen Stadtmauer schützten, lag das jüdische Viertel im Herzen der Stadt. Um, der zentralen Lage angemessen, einen großen Marktplatz zu schaffen, veranlasste der Rat der Stadt im Dezember 1349 unter Duldung von Kaiser Karl IV. ein Pogrom an den jüdischen Bewohnern, bei dem 570 Juden verbrannt, ihr Viertel zerstört und die Synagoge abgerissen wurden. Bis zum nächsten Pogrom 1499 siedelten die Juden an anderer Stelle innerhalb der Stadtmauern Nürnbergs, in der heutigen Judengasse. Der Hauptmarkt wurde bis zum Bombenhagel des Zweiten Weltkriegs von vornehmen Patrizierhäusern gesäumt. Die nördliche Platzfront nimmt das bis 1956 errichtete

Neue Rathaus ein, dessen Rasterfassade, passend zum historischen Stadtbild, mit Lisenen aus Sandstein geschmückt ist. Auf dem größten Platz der Altstadt finden neben alltäglichen Wochenmärkten zahlreiche Veranstaltungen wie der berühmte **Christkindlesmarkt** statt.

2 | Frauenkirche

Besichtigung Mo–Sa 10–17.30 Uhr, So 13–17.30 Uhr
Kirchenführung Sa/So 12.10 Uhr
»Männleinlaufen« 12 Uhr

Die in der Mitte des 14. Jahrhunderts erbaute gotische Frauenkirche entstand vermutlich unter Leitung von Peter Parler, dem genialen Baumeister des Prager Veitsdoms und der dortigen Karlsbrücke. Das von **Karl IV.** in Auftrag gegebene und wohl als kaiserliche Hofkapelle genutzte Gotteshaus erhebt sich an jener Stelle, an der bis zum Pogrom von 1349 die Synagoge stand. Um als Herrscher von Gottes Gnaden gelten zu dürfen, musste man im Besitz der Reichskleinodien sein. Für deren Aufbewahrung hatte Karl IV. die Frauenkirche gestiftet. Allerdings ließ er die Insignien aus Sicherheitsgründen

Karl IV.
1316–1378, Kaiser. Geboren in Prag, wurde Karl 1346 zum Gegenkönig von Ludwig IV. und drei Jahre später zum König des Heiligen Römischen Reiches Deutscher Nation gekrönt. 1356 erließ er in Nürnberg, das als Reichsstadt eine bedeutende Rolle in seiner Politik einnahm, die »Goldene Bulle«. Als »Grundgesetz« des Reiches bestimmte sie u. a. das Wahlverfahren neu zu wählender Könige und die Zahl der Kurfürsten. Außerdem musste jeder erste Hoftag eines neuen Herrschers in Nürnberg abgehalten werden. Karl IV., einer der bedeutendsten Herrscher des Spätmittelalters, ließ in der fränkischen Stadt 1361 seinen Sohn Wenzel taufen.

dann doch auf der Burg Karlstein bei Prag verwahren. Anlässlich der Taufe seines Sohnes Wenzel wurden die Reichskleinodien 1361 in der Frauenkirche öffentlich zur Schau gestellt. Von 1525 bis 1810 wurde das Gotteshaus von der evangelischen Gemeinde genutzt; 1816 fand erstmals wieder ein katholischer Gottesdienst statt. Im Zweiten Weltkrieg wurde die Frauenkirche bis auf die Westfassade mit der Vorhalle und dem darüberliegenden Chor, die Sakristei sowie die nördliche und südliche Außenmauer zerstört. 1983–1991 fand eine Generalsanierung statt.

Ihre zum Hauptmarkt zeigende, repräsentative Westfront wird von dem eingeschossigen Vorbau dominiert, über dessen spitzbogigem Doppelportal und wappenbekrönter Brüstung sich der polygonale Michaelschor befindet, der dem Kaiser als Loge dienen sollte. An ihm befindet sich ein Maßwerktabernakel für das **»Männleinlaufen«**, das an Kaiser Karl IV. erinnert. 1509 fertiggestellt, funktioniert die Spieluhr bis heute. In der Mitte thront Karl IV. als Verkünder der »Goldenen Bulle«, der die Huldigungen der ihn umkreisenden sieben Kurfürsten des Reiches (die Erzbischöfe von Mainz, Köln und Trier, der König von Böhmen, der Herzog von Sachsen, der Markgraf von Brandenburg und der Pfalzgraf bei Rhein) entgegennimmt. Über dem blau-goldenen Ziffernblatt der Uhr zeigt eine Kugel die Mondphasen an. Der dahinter aufragende, fialenbesetzte Staffelgiebel wird von einem Dachreiter bekrönt. Zur Eröffnung des Christkindlesmarktes spricht das Christkind traditionell den Prolog auf dem Balkon der Frauenkirche.

Über einen Seiteneingang gelangt man in den schlichten Innenraum einer der ersten gotischen Hallenkirchen Frankens, deren Seitenschiffe genauso hoch sind wie das Mittelschiff. In der Mitte des nahezu quadratischen Grundrisses sollten ursprünglich in einem Schrein die Reichskleinodien aufbewahrt werden. Da die Frauenkirche während der Reformation und Säkularisation ihre ursprüngliche Innenausstattung verloren hatte, wurden Kunstwerke aus abgerissenen Klöstern gekauft. Diese überstanden den Bombenhagel des Zweiten Weltkrieges im Kunstbunker unterhalb der Burg (siehe S. 25). Zu den bedeutendsten Stücken zählt der dreiteilige **Tucheraltar** im Ostchor. Um 1445 von einem unbekannten Meis-

Oben: Pergenstorffer Epitaph
Links: Ostchor der Frauenkirche

Adam Kraft
1455/60–1509, Steinbildhauer. In Nürnberg als Sohn eines Schreiners geboren, hinterließ Kraft in der fränkischen Metropole zahlreiche »steinerne« Zeugen seines Wirkens, darunter das beeindruckende Sakramentshäuschen der Lorenzkirche, die Kreuzwegstationen zum Johannisfriedhof sowie zahlreiche Epitaphien. Vermutlich gelangte Kraft trotz stets guter Auftragslage zu keinem ansehnlichen Vermögen. Seinen Lebensabend verbrachte der Künstler, der in seinen beiden Ehen kinderlos blieb, in einem Spital.

ter für das 1816 abgerissene Augustinerkloster St. Veit geschaffen, ist er das bedeutendste Zeugnis Nürnberger Tafelmalerei vor Albrecht Dürer. Die darüber aufgestellte Strahlenkranzmadonna datiert von 1440. An der Nordwand hängt das ebenfalls aus der Augustinerkirche stammende **Pergenstorffer Epitaph**, das Adam Kraft 1498 schuf. Maria hält ihren schützenden Mantel sowohl über geistliche und weltliche Würdenträger als auch über einfache Leute, rechts sind Mitglieder der Stifterfamilie dargestellt. Im südlichen Seitenschiff erklingt eine **Klais-Orgel**, die 3052 Pfeifen und 42 Register umfasst.

Außerdem erinnern verschiedene Stücke an das Judenpogrom von 1349: ein bronzener **Davidstern** im Boden des Ostchores; der vergoldete **Tabernakel** in Form einer Thorarolle im Unterbau des Flügelaltares; eine Skulptur der **Hl. Edith Stein** (1998) links neben der Orgel.

3 | Schöner Brunnen

Der wie eine Kirchturmspitze anmutende Brunnen auf dem Hauptmarkt ist ein Meisterwerk des späten 14. Jahrhunderts. Auf Wunsch von Kaiser Karl IV. sollte das filigrane Bauwerk den Abschluss des neu angelegten Hauptmarktes bilden. Seit jeher besaß der Brunnen eine eigene Wasserversorgung. Mit der Aufstellung dieser farbenfrohen Muschelkalk-Kopie (1898–1903) gelangten die verwitterten Fragmente des im Laufe der Jahrhunderte mehrfach restaurierten, sandsteinernen Originalbrunnens in das Germanische Nationalmuseum. In einen Betonmantel gehüllt, überstand der Schöne Brunnen die Luftangriffe auf Nürnberg. 2015/2016 fand eine umfangreiche Restaurierung statt.

Auf achteckigem Wasserbecken ruhend, verdeutlicht die vierstufige, von einer Kreuzblume bekrönte Pyramide des Schönen Brunnens die spätmittelalterliche Weltsicht. Während die unterste Skulpturenreihe die Philosophie und die Sieben Freien Künste darstellt, sind auf der folgenden Stufe die vier Evangelisten und die vier Kirchenväter zu sehen. In der dritten Reihe stehen neben den sieben Kurfürsten des Heiligen Römischen Reiches die Neun Helden, ein zeitgenössisches kunstgeschichtliches Motiv aus Vertretern der heidnischen Antike, des Alten

Testaments und des Christentums. Die obersten Figuren symbolisieren Moses und sieben Propheten. Im Ziergitter des ausgehenden 16. Jahrhunderts sind mehrere Ringe angebracht, darunter ein kleiner vergoldeter Ring, an dem zu drehen Glück und Kindersegen bescheren soll...

Das an der auf den Hauptmarkt treffenden Waaggasse gelegene Eckgebäude der Industrie- und Handelskammer ziert seit 1910 die Fassadenmalerei eines mittelalterlichen Kaufmannszuges. An die im Zweiten Weltkrieg zerstörte Waage erinnert an der Gebäudefront zur Winklerstraße eine Kopie des 1497 von Adam Kraft geschaffenen Waagreliefs (Abbildung siehe Umschlag).

4 | Altes Rathaus

Lochgefängnisse Besichtigung nur mit Führung täglich stündlich 11–17 Uhr

Gegenüber der Kirche St. Sebald liegt die monumentale Hauptfront des Alten Rathauses im Stil eines italienischen Stadtpalastes der Hochrenaissance. Nach seinem Erbauer Jakob Wolff d. J. wird dieser Gebäudeteil auch als Wolff'scher Bau bezeichnet. 1616–1622 erbaut, zeichnet er sich durch seine langgestreckte einheitliche Fassadenfront aus. Das Dach wird von drei pavillonartigen Aufbauten bekrönt. Über dem mittleren der drei skulpturengeschmückten Portale prangt mit dem Reichsadler das Wappen des Heiligen Römischen Reiches Deutscher Nation. Es wird flankiert von den allegorischen Figuren der Gerechtigkeit und der Weisheit und bekrönt von einem Pelikan, der seine Jungtiere aufopferungsvoll mit eigenem Blut füttert. Die Seitenportale zeigen die beiden Nürnberger Stadtwappen sowie die Herrscher antiker Weltreiche und Tierfiguren, die im Alten Testament erwähnt werden und verschiedene Weltmächte symbolisieren.

Bis ins 14. Jahrhundert hatte der Rat im Haus der Tuchmacher getagt. Erst mit der Vereinigung der beiden Stadthälften und dem Bau der gemeinsamen Stadtmauer erwarb die Stadt 1322 vom Kloster Heilsbronn dessen Brothaus, um es zum Rathaus umzubauen. Um diesen ältesten Teil des heute vierflügeligen, zwei Innenhöfe umfassenden Alten Rathauses zu betrachten, begibt

Gänsemännchenbrunnen

man sich zum südlich gelegenen Rathausplatz, den der Gänsemännchenbrunnen aus der Mitte des 16. Jahrhunderts ziert. Hier erhebt sich der bis 1340 errichtete, an seiner einheitlichen Fensterfront erkennbare, 40 Meter lange Saalbau. An seiner Stirnseite mit dem backsteinverzierten Giebel künden ein Chörlein sowie ein Wappenrelief von der gotischen Entstehungszeit, dahinter kragt der Erker der Ratsstube hervor. Anlässlich einer Umgestaltung des Rathaussaales entwickelte Albrecht Dürer ab 1519 ein Bildprogramm für die seinerzeit größte Wandbemalung, das u. a. den »Triumphwagen Kaiser Maximilians I.« darstellte (kriegszerstört). Als nach Beendigung des Dreißigjährigen Krieges der »Friedensexekutionskongress« zur Klärung organisatorischer Fragen in Nürnberg tagte, fand 1649 ein großes Friedensmahl im Rathaussaal statt.

Unter dem Saaltrakt befinden sich die ältesten Teile des Rathauses, die im Krieg unversehrt geblieben sind. Die jahrhundertealten Lochgefängnisse mit Strafzellen, Folterkammer und Henkersstube geben Einblicke in die mittelalterliche Gerichtsbarkeit. An der Südseite der Theresienstraße entstanden 1885–1889 weitere Rathaus-Neubauten im neogotischen Stil sowie zeitgleich ein neues Ämtergebäude am Fünferplatz.

Saalbau

Vorname und Name

Straße und Hausnummer

PLZ und Ort

E-Mail-Adresse

Datum und Unterschrift

An den
Lehmstedt Verlag
Hainstraße 1
D–04109 Leipzig

Liebe Leserinnen und Leser,
vielen Dank, dass Sie sich für einen Lehmstedt Reiseführer entschieden haben. Wir freuen uns, Ihre Meinung zu erfahren. Bitte schreiben Sie uns, wenn Sie Anregungen, Empfehlungen oder Berichtigungen haben. Gut verwertbare Informationen belohnen wir mit einem kostenfreien Lehmstedt Stadtführer Ihrer Wahl!
Vielen Dank!

Ich habe diese Karte folgendem Reiseführer entnommen:

____

❑ Bitte senden Sie mir regelmäßig kostenfrei und unverbindlich die Kataloge Ihrer Neuerscheinungen zu.

Ich möchte gern folgende Bücher aus Ihrem Verlagsprogramm bestellen und bitte um Lieferung gegen Rechnung an die umseitig genannte Adresse.

Anzahl	Autor, Titel

Ab einem Bestellwert von 20 € ist die Lieferung innerhalb Deutschlands versandkostenfrei.

info@lehmstedt.de

Unsere Datenschutzerklärung finden Sie unter www.lehmstedt.de.

5 | Fembo-Haus

Stadtmuseum Di–Fr 10–17 Uhr, Sa/So 10–18 Uhr

1591–1596 im Stil der Spätrenaissance errichtet, zählte das Bürgerhaus (Burgstraße 15) zu den prächtigsten der Stadt. Aus Gründen des Brandschutzes mussten die Dächer der Nürnberger Gebäude traufseitig zur Straße ausgerichtet sein. Durch seine aus der Bauflucht hervorspringende Fassade konnte der mit einer Figur der Fortuna bekrönte Schweifgiebel dennoch repräsentativ betont werden. Als einziges großes historisches Nürnberger Bürgerhaus der Renaissance hat das Gebäude den Zweiten Weltkrieg weitgehend unzerstört überstanden. Benannt nach einem späteren Besitzer, beherbergt es seit 1953 das sehenswerte Stadtmuseum, das die Entwicklung der Stadt von ihren Anfängen als Kaiserstadt über ihre mittelalterliche Blüte bis hin zur Zeit des Nationalsozialismus und der Zerstörung im Zweiten Weltkrieg nachzeichnet. Zu bestaunen sind u. a. historische Inneneinrichtungen, Stadtmodelle, Landkarten oder das Gemälde »Friedensmahl« von **Joachim von Sandrart**. Der Ausstellungssaal »Krone – Macht – Geschichte« zeigt hochkarätige Nachbildungen der Reichskleinodien.

Joachim von Sandrart
1606–1688, Maler und Kupferstecher. Geboren in Frankfurt am Main, absolvierte Sandrart eine Stecher-Lehre in Nürnberg. Nach Wanderjahren in Italien und längerem Aufenthalt in Amsterdam erhielt er als einer der bedeutendsten deutschen Barockmaler Aufträge in ganz Europa. Seinen Lebensabend verbrachte er in Nürnberg, wo er 1662 an der Gründung der ersten deutschen Akademie der Bildenden Künste beteiligt war.

Burggrafenburg

1 Freiung
2 Walpurgiskapelle
3 Burgamtsmannhaus
4 Fünfeckturm

Reichsstädtische Bauten

5 Kaiserstallung
6 Luginsland
7 Vestnertorbastei

Kaiserburg

8 Äußerer Burghof
9 Sinwellturm
10 Tiefer Brunnen
11 Himmelsstallung
12 Heidenturm
13 Maria Sibylla Merian-Garten
14 Innerer Burghof
15 Kemenate
16 Palas
17 Kaiserkapelle

18 »Hexenhäusla«
19 Burggarten

6 | Nürnberger Burg

Rundgang Palas/Kaiserburg-Museum
Apr.–Sep. 9–18 Uhr; Okt.–März 10–16 Uhr

Die Burgstraße weiter hinaufsteigend, erreicht man das weithin sichtbare Wahrzeichen Nürnbergs, den Burgberg. Von diesem Standpunkt aus, die Altstadt im Rücken, ist seine ursprüngliche funktionale Gliederung ersichtlich. Während sich linker Hand die Kaiserburg befand, gehörten die mittig gelegenen Gebäude wie Walpurgiskapelle und Fünfeckturm zur Burggrafenburg. Rechts daneben schlossen sich Bauten der Reichsstadt an. Sie schmiegen sich allesamt auf dem Sandsteinplateau aneinander, das als »Nourenberc« (Felsenberg) vermutlich der Stadt ihren Namen gab.

Im Mittelalter entwickelte sich die Kaiserburg zu einem beliebten Aufenthaltsort salischer und staufischer Könige, die ihr Reisekönigtum »aus dem Sattel« verwalteten und Hoftage oder Versammlungen an wechselnden Orten des Reiches abhielten. Entlang der Reiserouten war der Kaiser mit seinem Hofstaat in Kaiserpfalzen untergebracht – eine der bedeutendsten im Mittelalter war die Nürnberger Kaiserburg. Parallel entwickelte sich im Schatten der Anlage, am Kreuzungspunkt wichtiger Fernwege, die mit Marktrecht ausgestattete Siedlung. Die 1356 in Nürnberg von Karl IV. erlassene »Goldene Bulle« schrieb vor, dass jedes neu gewählte Oberhaupt seinen ersten Hoftag in der Stadt an der Pegnitz durchzuführen habe. Durch die Verantwortung für die Reichskleinodien ab 1424 gewann die Stadt weiter an Bedeutung. Von 1050 bis 1571 hielten sich alle Kaiser des Heiligen Römischen Reiches Deutscher Nation zumindest zeitweise in der Kaiserburg auf, viele davon mehrfach. Im Spätmittelalter zählte Nürnberg neben Frankfurt (Main) als Wahl- und Aachen als Krönungsort zu den bedeutendsten politischen Zentren des Reiches. Die im Zweiten Weltkrieg schwer beschädigte Burganlage wurde anschließend wieder in ihren historischen Formen aufgebaut und zählt heute geschichtlich und baukünstlerisch zu den bedeutendsten Wehranlagen in Europa.

Fünfeckturm und Kaiserstallung

Der Burggraf vertrat den Kaiser, wenn dieser nicht in der Stadt war, sicherte dessen Burg und übernahm wich-

tige Funktionen der Gerichtsbarkeit oder Steuerverwaltung. 1192 ging die Burggrafschaft Nürnberg als erbliches Lehen an das Geschlecht der Zollern über, die sich später als Hohenzollern bezeichneten und über Jahrhunderte die Politik des Deutschen Reiches mitbestimmten. Einhergehend mit ihrem enormen Macht- und Gebietszuwachs gerieten die Burggrafen zunehmend in Konkurrenz zur Reichsstadt und den bayerischen Herzögen. Nachdem diese 1420 die Burggrafenburg zerstört hatten, wurde sowohl sie als auch das Amt 1427 unter Burggraf Friedrich VI. an die Stadt Nürnberg verkauft. Den bedeutungslos gewordenen Titel eines Burggrafen von Nürnberg führten die Zollern, seit 1415 Markgrafen und später Kurfürsten von Brandenburg, allerdings bis 1918 weiter. Von der nicht wieder aufgebauten Burggrafenburg blieben nur wenige Bauten wie die **Walpurgiskapelle** als kleine Kirche mit Wehrturm, das **Burgamtsmannhaus** sowie der **Fünfeckturm** erhalten. Der Platz vor dem Zugang zur Kaiserburg, der einen herrlichen Rundblick über Nürnberg bietet, gehörte einst als **Freiung** zur Burggrafenburg, in der Verfolgte Asyl fanden.

An den Fünfeckturm schließt sich die 1494/95 erbaute **Kaiserstallung** an, deren Erdgeschoss während der Anwesenheit des kaiserlichen Hofes als Marstall für Pferde diente. Die oberen Etagen und die fünf übereinander liegenden Dachböden fungierten als städtischer Kornspeicher. 1937 zur Reichsjugendherberge umgebaut und nach der Zerstörung im Zweiten Weltkrieg 1953 wiederhergestellt, zählt die 2013 umfassend sanierte Einrichtung heute zu den modernsten und schönsten Jugendherbergen Europas. Das Ensemble schließt im Osten mit dem Turm **»Luginsland«** ab, der vermutlich 1377 zur »Bewachung« der Burggrafenburg genau neben dieser errichtet wurde. Sein spitzer Helm ist von vier kleinen Wachtürmchen umgeben.

Sinwellturm

Im **äußeren Burghof** befindet sich rechter Hand der mittelalterliche Bergfried, der **Sinwellturm** (Teil des Burgrundgangs). Der »runde Turm« diente vorrangig Wehrzwecken, wurde aber auch als sicherer Aufbewahrungsort und als Kerker genutzt. Im 16. Jahrhundert erhöhte man ihn durch vorspringende Quaderringe und ein spitzes Dach. Der mittig im Hof stehende Sandsteinquaderbau mit Fachwerkgeschoss ist das Brunnenhaus. Es schützt den fast 50 Meter in den Berg gehauenen **Tiefen Brunnen**, der zur Trinkwasserversorgung der Burgbewohner wohl schon im 12. Jahrhundert angelegt wurde (Besichtigung nur mit Führung zu jeder halben Stunde: Apr.–Sep. 9.30–17.30 Uhr; Okt.–März 10.30–15.30 Uhr).

Äußerer Burghof mit Heidenturm und Brunnenhaus

Zwischen dem **Heidenturm** und der **Himmelsstallung** verbirgt sich hinter einer Mauer der idyllische Maria Sibylla Merian-**Garten** (So/Mo: Apr.–Sep. 14–18 Uhr, Okt. 14–16 Uhr). Die berühmte Künstlerin und Naturforscherin, die 14 Jahre lang in der nahegelegenen Bergstraße 10 lebte, nutzte diesen Garten für ihre Blumen- und Insektenstudien. Alle Pflanzen sind ihren Zeichnungen entlehnt. Zudem erinnert eine »lebende« Wandtafel als Insektenhotel an die Begründerin der modernen Insektenforschung.

In den **inneren Burghof** gelangt man durch das wappenbekrönte Himmelstor. Der viergeschossige **Kemenatenbau** wurde als beheizbarer Wohnraum Mitte des 15. Jahrhunderts errichtet und nach massiven Kriegsschäden in den 1970er Jahren originalgetreu rekonstruiert. In ihm ist heute das Kaiserburg-Museum untergebracht. Als Außenstelle des Germanischen Nationalmuseums (siehe S. 45) präsentiert die Ausstellung Exponate zur Bau- und Kulturgeschichte der Burg, eine Waffensammlung, astronomische Messgeräte aus der von Georg Christoph Eimmart begründeten Sternwarte sowie archäologische Funde aus dem Burggraben. Der **Palas** umfasst einen Saalbau mit zwei übereinanderliegenden Räumen – dem Kaiser- und dem Rittersaal – sowie einen Wohntrakt mit mehreren Gemächern.

Die kunsthistorisch wertvolle **Doppelkapelle** wurde unter den Staufern im 12. Jahrhundert erbaut. Dabei handelt es sich um einen zweigeschossigen Altarraum, der über eine Öffnung in der Mitte verbunden ist. Während die untere Margarethenkapelle der niederen Gefolgschaft vorbehalten war, fand sich der Hofstaat in der oberen Kaiserkapelle ein. Als Besonderheit der Nürnberger Doppelkapelle gewährte die Herrscherempore dem Reichsoberhaupt einen direkten Zugang von seinen Gemächern im Palas. Die nur durch ein Außenportal zugängliche, spärlich beleuchtete Unterkapelle besitzt vier gedrungen wirkende Säulen. Der höhere kaiserliche Andachtsraum hingegen wird von schlanken Pfeilern gestützt.

In einem historischen Fachwerkbau, dem ehemaligen Wärterhäuschen am Vestnertor, erreichbar durch das Burgamtsmannhaus, lädt das **»Hexenhäusla«** ganzjährig zu deftig fränkischer Hausmannskost ein, bei schönem Wetter im idyllischen Biergarten. In der wärmeren Jahres-

Maria Sibylla Merian
1647–1717, Naturforscherin und Malerin. In Frankfurt am Main geboren, beschäftigte sich Merian schon als Kind mit Insekten und erhielt unter Anleitung ihres Stiefvaters eine künstlerische Ausbildung. 1665 wurde Merian mit Johann Andreas Graff verheiratet, in dessen Geburtsstadt Nürnberg sie 1670 übersiedelte. Nach dem Scheitern ihrer Ehe verbrachte Merian einige Jahre in Holland, bevor sie 1699 eine zweijährige Forschungsreise ins lateinamerikanische Surinam unternahm. Maria Sibylla Merian gilt mit ihren systematischen Beobachtungen, u. a. zur Metamorphose von Raupen, als Begründerin der Insektenkunde. Ihre detailreichen Zeichnungen sind von hohem künstlerischen Wert.

Oben: Säulen der Unterkapelle
Links: Oberkapelle

Georg Christoph Eimmart 1638–1705, Astronom. In Regensburg geboren, folgte Eimmart nach seinem Mathematikstudium 1660 seiner Schwester nach Nürnberg. Im Kreise seines Schwagers Jakob von Sandrart arbeitete Eimmart, der zeitweilig auch der Nürnberger Kunstakademie vorstand, v. a. als Illustrator und Radierer. Seit 1678 betrieb Eimmart auf der burgnahen Vestnertorbastei eine Sternwarte. Sie hatte zwar keine herausragende wissenschaftliche Bedeutung, führte aber unzählige Schüler in astronomische Beobachtungen ein. Gelegentlich wurde die Sternwarte für die Bevölkerung geöffnet, sodass sie als eine der weltweit ersten Volkssternwarten gilt. Nach seinem Tod bestand die Einrichtung bis 1751 fort.

zeit (Apr.–Okt. 8 Uhr bis Einbruch der Dunkelheit) ist es unbedingt zu empfehlen, den **Burggarten** zu besuchen, der auf Mitte des 16. Jahrhunderts errichteten Bastionen angelegt wurde. Über ihn kann man auch eine hölzerne Galerie oberhalb des Tiergärtnertorplatzes erreichen, die mit dem »schönsten Blick auf Alt-Nürnberg« lockt. Entlang der Neutormauer gelangt man von dort wieder auf die reguläre Route des Stadtrundgangs zurück.

7 | Stadtbefestigung

Zur nächsten Station des Stadtrundgangs führt die kleine Straße Am Ölberg unterhalb der Burg. Während man rechter Hand den mächtigen Fels erblickt, befindet sich auf der anderen Seite Nürnbergs ältestes Fachwerkgebäude, erbaut 1338. Am Tiergärtnertorplatz genießt man freien Blick auf die Nürnberger Stadtmauer. Während von den ersten Umwallungen keine Spuren überliefert sind, blieben Reste der sogenannten »vorletzten« Stadtmauer erhalten. Sie entstand im 13. Jahrhundert und umschloss, zunächst getrennt voneinander, die Lorenzer und Sebalder Siedlungskerne, bis sie um 1320 über die Pegnitz hinweg verbunden wurde. Um 1400 wurde der Mauerring der »letzten« Stadtbefestigung geschlossen. Der rund fünf Kilometer lange, annähernd parallele Verlauf der Stadtmauer umfasste über 120 Türme. Verbunden über eine etwa sieben Meter hohe innere Mauer, schlossen sich nach einem Zwinger eine äußere Mauerlinie sowie ein bis zu zwölf Meter tiefer Graben an. Neben dem älteren, hier zu sehenden Tiergärtnertorturm, der vermutlich aus der Mitte des 13. Jahrhunderts stammt, gewährten vier weitere Tortürme Einlass zur Stadt. Zur besseren Identifizierung wurden die zahlreichen Türme bereits zu Beginn der Frühen Neuzeit mit Farben und Buchstaben bezeichnet, an der Burg beginnend bei »Luginsland« als »schwarzes A« im Uhrzeigersinn der Mauer über einen blauen und roten Abschnitt bis zum »grünen N« des Tiergärtnertorturms. Im Laufe der Jahrhunderte veränderte die Befestigungsanlage, die nie ein Feind eroberte, durch Anpassung an moderne Kriegstechniken beständig ihr Aussehen. Obwohl in den 1860er Jahren Nürnbergs Festungsstatus aufgehoben wurde, blieb ein Großteil der

Oben: Neutorturm
Rechts: Tiergärtnertorturm

den. Bereits 1940, als Hitlerdeutschland noch von einem erfolgreichen Kriegsende ausging, hatte man unter dem Burgberg heimlich begonnen, einen **Kunstbunker** anzulegen. In ihm sollten unter optimalen Wärme- und Belüftungsbedingungen Kunstwerke vor Feuer, Rauch, Gas und Plünderung geschützt werden. Letztlich überstanden darin bedeutende Nürnberger Sehenswürdigkeiten wie das »Männleinlaufen«, Ausstattungsstücke der Altstadtkirchen, die Reichskleinodien u.v.m. unbeschadet den Bombenhagel des Zweiten Weltkrieges. Neben den historischen Einbauten erinnern heute eine Fotodokumentation sowie originale Bild- und Tonaufnahmen an die Zerstörung Nürnbergs.

Eine weitere Tour führt unter die Basteien der Kaiserburg zur Besichtigung der geheimen, schusssicheren Verteidigungsgänge. Über eine Treppe gelangt man von den **Kasematten** in die unterirdischen Gänge der **Lochwasserleitung**. Bereits Mitte des 15. Jahrhunderts erwähnt, dienten die schmalen, rund zwei Kilometer langen Stollen zur Gewinnung und Weiterleitung von Wasser. Tickets für die Führungen gibt es am Eingang des Historischen Kunstbunkers, im Museumsladen am Albrecht-Dürer-Haus oder in der Tourist-Information am Hauptmarkt.

10 | Albrecht-Dürer-Haus

Di–Fr 10–17 Uhr, Sa/So 10–18 Uhr; Juli–Sep./Dez. auch Mo 10–17 Uhr
»Führung mit Agnes Dürer« Di–Do/Sa 15 Uhr, So 11 Uhr

Am Tiergärtnertorplatz liegt das Wohnhaus des wohl berühmtesten Sohnes der Stadt, des Malers **Albrecht Dürer** (Albrecht-Dürer-Straße 39). Im Jahre 1509 kaufte er dieses Gebäude, nutzte es zugleich als Werkstatt und Wohnung und lebte hier mit seiner Frau Agnes, seiner Mutter, Lehrlingen und Gesellen bis zu seinem Tode 1528. Das im 15. Jahrhundert errichtete Bauwerk besitzt über den beiden Geschossen aus Sandstein zwei Fachwerketagen mit hervorspringenden Fensterbändern. Das typisch traufständige, mit vorgeschriebener Feuermauer versehene Krüppelwalmdach ist mit einem Erkeraufsatz versehen und öffnet sich an der Giebelfront zu einer Galerie.

Nach Dürers Tod blieb sein Wohnsitz zwar bekannt, das Haus wechselte aber häufig den Besitzer. Anlässlich seines 300. Todestages wurde 1828 ein Gedenkzimmer eingerichtet – damit ist das Dürerhaus eine der weltweit ersten Künstlergedenkstätten. Seit seinem 400. Geburtstag 1871 beherbergt das Dürerhaus ein Museum. Die le-

Albrecht Dürer
1471–1528, Maler und Grafiker. Dürer ging bei seinem gleichnamigen Vater in die Goldschmiede-Lehre, bevor er in der Werkstatt des Malers Michael Wolgemut lernte. Nach seiner Heirat mit Agnes Frey 1494 und mehreren Reisen ließ sich Dürer wieder in Nürnberg nieder. Im Geiste von Renaissance und Humanismus revolutionierte er durch detaillierte Landschaftsdarstellungen und Selbstporträts als Ausdruck eigener Wertempfindung die Kunst. Ferner entwickelte Dürer Holzschnitt und Kupferstich zu eigenständigen Kunstgattungen und verfasste Abhandlungen über Perspektiv- und Proportionslehre.

Hinteres Wanderer-Zimmer im Dürer-Haus, Ausstattung nach dem historistischen Entwurf von Friedrich Wilhelm Wanderer

bendig gestaltete Dauerausstellung gibt Einblicke in das Leben und Wirken Dürers, u.a. mittels der Medienstation »Der digitale Dürer«, die seine 43 Schaffensjahre anhand von 43 charakteristischen Werken erfahrbar macht und jedes Werk in einen biografischen und kunsthistorischen Kontext einordnet. In der rekonstruierten Mal- und Druckwerkstatt lassen sich künstlerische Techniken aus der Zeit Dürers nachvollziehen. Der Dürer-Saal zeigt historische Kopien des 17. bis 20. Jahrhunderts, um das malerische Hauptwerk des Ausnahmekünstlers, der schon zu Lebzeiten in ganz Europa berühmt war, zu beleuchten. Im Grafischen Kabinett sind in Wechselausstellungen umfangreiche Bestände der Kunstsammlungen der Stadt Nürnberg von Dürer, aber auch seinen Zeitgenossen und neuzeitlichen Grafikern zu besichtigen.

Gegenüber befindet sich in der Albrecht-Dürer-Straße 30 der liebevoll geführte Museumsladen, in dem man eine umfangreiche Auswahl an Literatur und Grafik sowie Geschenk - und Sammlerartikel zu Dürer findet.

Anschließend setzt sich der Stadtrundgang in der Albrecht-Dürer-Straße fort. Das Anwesen Nr. 17 bewohnte einst der Goldschmied Wenzel Jamnitzer (1508–1585), der als Hofgoldschmied in Diensten mehrerer deutscher Kaiser stand. Durch die linker Hand abbiegende Ag-

Albrecht-Dürer-Denkmal

nesgasse, benannt nach Dürers Frau, gelangt man zum Albrecht-Dürer-Platz. Der Untere Milchmarkt, der bereits Mitte des 13. Jahrhunderts Erwähnung fand, wurde anlässlich der Errichtung des Albrecht-Dürer-Denkmals umbenannt. Entworfen von Christian Daniel Rauch, fertigte Jacob Daniel Burgschmiet 1840 den Abguss der Statue.

Schürstab-Haus

11 | Sebalder Pfarrhof

Ausstellung 9–18 Uhr

Am Übergang zum Sebalder Platz, der bis ins frühe 16. Jahrhundert als Gottesacker diente, lohnt rechter Hand ein Blick in den Straßenzug Füll, der vermutlich auf die Auffüllung eines ehemaligen Stadtgrabens zurückgeht. In ihm sind neben schönen Dacherkern viele der für Nürnberg typischen Chörlein zu sehen. In der Regel verzierten diese die sonst kaum gegliederten Fassaden. Handelte es sich ursprünglich um kleine Hauskapellen, wurden sie später als Schreibstuben oder Ausguck genutzt.

Das wohl berühmteste Nürnberger Chörlein schmückt den Sebalder Pfarrhof. Auf einem polygonalen Schaft ru-

Johann Pachelbel
1653–1706, Komponist und Organist. In einfachen Verhältnissen in Nürnberg aufgewachsen, kam Pachelbel nach Stationen in Wien und Eisenach 1678 als Organist nach Erfurt. Nach zwölfjähriger Amtstätigkeit, in der er zweimal heiratete, war Pachelbel in Stuttgart und Gotha tätig. 1695 ging er zurück in seine Heimatstadt, in der er bis zu seinem Tode als Organist von St. Sebald wirkte. Pachelbel liegt auf dem Nürnberger Rochusfriedhof begraben. Neben Orgelwerken, Kantaten und Kammermusik gilt der eingängige »Kanon in D-Dur« als sein populärstes Stück.

hend, entstand die reich verzierte Apsis der Hauskapelle des Sebalder Pfarrhofes in gleicher Ausrichtung und Erbauungszeit wie der Hallenchor der Kirche St. Sebald. Der vierflüglige Pfarrhof selbst wurde 1361 als Backsteinbau wiederaufgebaut, nachdem der hölzerne Vorgängerbau angeblich während der Taufe des Thronfolgers Wenzel abgebrannt war. Im Laufe der Jahrhunderte gingen im Sebalder Pfarrhof unzählige Fürsten, Kleriker und Künstler ein und aus. 2018–2021 wurde das Gebäude mit dem idyllischen Innenhof denkmalgerecht saniert. Dabei entdeckte man einen eingemauerten jüdischen Grabstein von 1334 und eine Holztür aus der Zeit um 1500 mit hebräischer Inschrift, woraufhin die kleine Ausstellung »Stein & Tür« eingerichtet wurde.

Das gegenüberliegende markante Sandstein-Gebäude mit Spitzdach wird als Schürstab-Haus bezeichnet, weil es 1328–1478 der bedeutenden Patrizierfamilie Schürstab gehörte. Aus zwei Häusern aus der Zeit um 1200 und Mitte des 13. Jahrhunderts zusammengefügt und mehrfach umgebaut, bewahrt das Gebäude eine kostbare Hauskapelle und einige bemerkenswerte Ausstattungsdetails. Davor markieren Umrisse auf dem Straßenpflaster den Standort der gotischen Moritzkapelle, die 1944 völlig zerstört wurde.

12 | St. Sebald

Jan.–März 9.30–16 Uhr; Apr.–Dez. 9.30–18 Uhr
Führung tägl. 15 Uhr
Turmführung Do/Sa 16.30 Uhr

Sebaldus-Grab

Die Sebalduskirche zählt neben der Lorenzkirche und der Frauenkirche zu den herausragenden Kirchenbauten Nürnbergs. Sie thront an jener Stelle, wo laut Legende im 11. Jahrhundert ein Ochsenkarren mit den sterblichen Überresten des Einsiedlers Sebaldus stehenblieb. Dem späteren Kirchenpatron und Stadtheiligen von Nürnberg wurde zunächst eine Kapelle geweiht, die als Ziel zahlreicher Pilger zum Aufschwung der Stadt beitrug und dem ganzen Viertel seinen Namen gab. Im 13. Jahrhundert errichtete man an gleicher Stelle eine spätromanische Pfeilerbasilika mit zwei Chören und einem

Turmpaar, für die 1255 die Weihe eines Stephanusaltars urkundlich bezeugt ist. Ab 1361 wurde ein spätgotischer Hallenumgangschor angefügt, der sogar etwas länger ist als das Langhaus und drei Kirchenschiffe umfasst, die von einem gewaltigen Dach überspannt sind. Dieser beeindruckende Ostchor wurde 1379 geweiht. Im ausgehenden 15. Jahrhundert fand die Erhöhung der Türme statt. Mit Einführung der Reformation wurde die Sebalduskirche 1525 evangelisch. Eine im 16. und 17. Jahrhundert durchgeführte Barockisierung des Innenraums, bei der Emporen, neue Altäre und eine Kanzel eingebaut wurden, wurde im 19. Jahrhundert rückgängig gemacht. Im Zweiten Weltkrieg stark beschädigt, wurde St. Sebald bis 1978 wiederaufgebaut.

In St. Sebald blieben, auch durch die Einlagerung während des Zweiten Weltkrieges, bedeutende, vor allem vorreformatorische Ausstattungsstücke erhalten, u.a. von den Künstlern Veit Stoß und Adam Kraft. Die meisten stifteten Nürnberger Ratsfamilien, denn das direkt gegenüber dem Rathaus gelegene Gotteshaus war die Ratskirche der Stadt. Das **Sebaldusgrab** gilt als das schönste gegossene Kunstwerk nördlich der Alpen. In einem reich verzierten Messing-Gehäuse aus der Bildhauer-Werkstatt Peter Vischers, entstanden zwischen 1508 und 1519, ruhen in einem Reliquienschrein aus silberbeschlagenem Eichenholz die Gebeine des Hl. Sebald. In einer Nische auf der westlichen Seite der Tumba stellte sich Vischer vermutlich selbst dar. Die Patrone des Ostchores sind der Hl. Sebald und der Apostel Petrus, die man am reich geschmückten **Sakramentsschrank** sowie am **Petersaltar** von 1477 wiederfindet. Die Hl. Katharina ist Patronin des Westchors, der dort aufgestellte **Katharinenaltar** entstand 1462/64. Hier steht auch das alte **Taufbecken**, aus dem schon Albrecht Dürer aus der Taufe gehoben wurde. Am ersten nördlichen Pfeiler des Ostchors beeindruckt eine ausdrucksstarke **Strahlenkranzmadonna** (1438). Ihr gegenüber befindet sich am ersten südlichen Pfeiler eine steinerne Marienfigur (um 1380), das geschnitzte Kind auf ihren Armen ersetzte um 1500 wohl eine ältere Figur. Seit 1971 besitzt St. Sebald einen modernen Altar und eine Kanzel. Einige Kirchenfenster zieren bedeutende **Glasmalereien** des 14. Jahrhunderts.

Veit Stoß

Um 1447–1533, Holzbildhauer. Der in Horb am Neckar geborene Stoß hielt sich vermutlich ab den 1470er Jahren in Nürnberg auf. Zwischen 1477 und 1496 lebte der Künstler in Krakau, wo er bedeutende Werke wie den Altar der Marienkirche schuf. Zurück in Nürnberg, wurde Stoß 1503 wegen Urkundenfälschung mit einem glühenden Eisen auf den Wangen gebrandmarkt. Kaiser Maximilian I. persönlich stellte für den Gebrandmarkten einen Gnadenbrief aus und setzte sich für seine Rehabilitierung ein. Zu den berühmtesten Werken aus Stoß' Nürnberger Schaffensperiode zählt der Engelsgruß in der Lorenzkirche.

Spielzeugmuseum
Seit dem Mittelalter hatte sich in Nürnberg ein leistungsstarkes Handwerk entwickelt, darunter Hunderte Spielzeughersteller; im 19. Jahrhundert ging man erfolgreich zur industriellen Fertigung über. 1950 fand die erste deutsche Spielwarenmesse in Nürnberg statt, die heute weltweit größte Internationale Spielwarenmesse. Das 1971 in Nürnberg eröffnete Museum präsentiert auf 1400 m² Ausstellungsfläche neben Holzspielzeug, Puppen und Modelleisenbahnen u.v.m. auch modernes Lego- und Playmobil-Spielzeug. Durch seine breit gefächerte, qualitativ hochwertige Sammlung von über 80 000 Objekten, weithin beachtete Sonderausstellungen und eine wissenschaftliche Schriftenreihe gehört das Haus zu den wichtigen Fachmuseen weltweit (Di–Fr 10–17 Uhr, Sa/So 10–18 Uhr).

Oben: Weinmarkt 10
Rechts: Blick in die Weißgerbergasse

Unbedingt empfehlenswert ist die Teilnahme an einer Turmführung. Neben einem tollen Rundblick vom Südturm über die Dächer der Stadt kann man dabei auch den Engelschor (über dem Westchor), den ursprünglichen romanischen Westgiebel, den imposanten Dachstuhl und die größte Glocke der Kirche bestaunen.

13 | Historische Altstadtgassen

Am Weinmarkt, dem alten Sebalder Hauptplatz, verdienen einige Gebäude besondere Aufmerksamkeit. Den Auftakt bildet das repräsentative Haus **Weinmarkt 1** mit Holzchörlein und Eckdacherker aus dem 14. Jahrhundert, das, wie durch das Stadtwappen angedeutet, vermutlich zeitweise für Ratsversammlungen genutzt wurde. Im Anwesen **Weinmarkt 6**, einer vierflügeligen Anlage mit sehenswertem Innenhof, befand sich als Hinterlassenschaft des Kaufmanns Paulus II. Praun bis 1801 ein bedeutendes Kunstkabinett. Vom Haus **Weinmarkt 10**, errichtet um 1725, blieb beim Abriss der Ruine 1953 nur die Portalarchitektur erhalten. Als Gasthaus »Rotes Ross«, das viele illustre Persönlichkeiten beherbergte, wurde das Gebäude **Weinmarkt 12a** bekannt, dessen Ursprung im 14. Jahrhundert liegt. Vorübergehend befand sich in dem Anwesen auch eine Faktorei der mächtigen Augsburger Kaufmannsdynastie der Fugger. In der nach links abbiegenden Karlstraße befindet sich das **Spielzeugmuseum**.

An der Straßengabelung begibt man sich linker Hand in die Weißgerbergasse, die zu den besterhaltenen historischen Straßenzügen Nürnbergs zählt – 22 Gebäude blieben im Zweiten Weltkrieg unversehrt. Die schmalen, meist drei- oder vierstöckigen Häuser des 16. und 17. Jahrhunderts wurden liebevoll saniert und vermitteln einen lebendigen Eindruck eines typischen Nürnberger Handwerkerviertels. In dieser Straße wohnten und arbeiteten überwiegend Weißgerber, die helle Leder anfertigten. Für dieses geruchs- und wasserintensive Gewerbe war der Platz an der Pegnitz gut geeignet. Die typischen Werkzeuge der Gerber, Stampfer zum Walken und Messer zum Abschaben des Talgs, prangen als Hauszeichen an der Weißgerbergasse 24.

Weinstadel, Wasserturm und Henkersbrücke

14 | Weinstadel

In der Grünanlage des Maxplatzes steht der barocke Tritonbrunnen (Triton ist ein Meeresgott der griechischen Mythologie). 1821 wurde an der östlichen Platzseite der klassizistische Dürer-**Pirckheimer**-Brunnen aufgestellt, dessen seitliche Rundmedaillons an die beiden befreundeten, wichtigen Nürnberger Geistesgrößen erinnern.

Auf der gegenüberliegenden Straßenseite erstreckt sich der Mitte des 15. Jahrhunderts errichtete Weinstadel (Maxplatz 8). Erbaut als Sondersiechenhaus, in dem sich sonst außerhalb der Stadt untergebrachte Leprakranke während der Karwoche aufhalten durften, diente er seit dem 16. Jahrhundert u.a. als Weinlager und bot Unterkunft für Handwerker und die ärmere Bevölkerung. Heute wird das Bauwerk als Studentenwohnheim genutzt. Vorbei an der Längsseite des Gebäudes mit den typischen Fachwerkgeschossen über dem Sandsteinsockel sowie dem Spitzdach, erblickt man von der Maxbrücke aus die Holzgalerien an der Stirnseite des Weinstadels.

Dürer-Pirckheimer-Brunnen

Die Maxbrücke von 1457 gilt als ältester steinerner Übergang über die Pegnitz. Der Neubau aus der Mitte des 19. Jahrhunderts wurde, wie auch der Maxplatz, nach dem ersten bayerischen König Maximilian I. benannt. Von der Maxbrücke aus genießt man einen malerischen Rundumblick entlang der Pegnitz. Rechts neben dem Weinstadel erhebt sich der Wasserturm. Als Turm der »vorletzten« Stadtmauer 1320/25 errichtet, schützte er nur kurz den Ausfluss der Pegnitz, denn mit Errichtung der »letzten« Stadtbefestigung ab 1400 verlor er seine Funktion.

Willibald Pirckheimer
1470–1530, Humanist und Universalgelehrter. Nach ausgedehnten Studien in Italien kehrte Pirckheimer nach Nürnberg zurück, um von 1496 bis 1523 dem Nürnberger Stadtrat anzugehören. Als Freund Albrecht Dürers und Berater von Kaiser Maximilian I. gehörte er mit seinem umfangreichen schriftstellerischen, geistes- und naturwissenschaftlichen sowie theologischen Schaffen dem Nürnberger Humanistenkreis an. Auf dessen Wirken ging 1526 die Gründung des ersten deutschen, von Philipp Melanchthon gegründeten Gymnasiums zurück, das bis heute besteht.

15 | Kettensteg

Über den Fluss spannt sich seit 1824 als erste freischwebende Hängebrücke Deutschlands der eiserne Kettensteg, eine Konstruktion von Conrad Georg Kuppler. Seit den 1930er Jahren musste die Flussüberquerung aus Sicherheitsgründen durch Holzpfeiler und stählerne Längsträger gestützt werden. Durch die Sanierung im Jahr 2010 konnte mittels integrierter Träger der schwingende Originalzustand wiederhergestellt werden. Die dahinter befindliche, brückenartige Fronveste aus dem 15. Jahrhundert wurde im Zweiten Weltkrieg stark zerstört und anschließend wiederaufgebaut. Im Laufe der Zeit diente sie u. a. als Waffenarsenal, Gefängnis, Senioren- und Studentenwohnheim.

16 | Unschlittplatz

Nach Verlassen der Maxbrücke auf der Lorenzer Stadtseite gelangt man zum Unschlittplatz. Rechter Hand befindet sich ein in den 1980er Jahren vor dem Abbruch gerettetes historisches Häuserensemble (Nr. 8–12), vor dem der Legende nach am 26. Mai 1828 der sagenumwobene Findling **Kaspar Hauser** auftauchte. Seinen Namen erhielt der Platz von dem langgestreckten Sandsteinquaderbau an der Ostseite, dem Unschlitthaus, in dem von 1562 bis ins 19. Jahrhundert die städtische Monopolbehörde ansässig war, die von den Metzgern Talg bzw. Unschlitt (nicht genießbares Fett) erwarb und es als Rohstoff zur Produktion von Kerzen, Seifen oder Wagenschmiere weiterverkaufte. Auf die ursprüngliche Funktion als eines von sieben städtischen Kornhäusern, erbaut ab 1490 durch Hans Beheim d. Ä., verweisen die zur Belüftung notwendigen zahlreichen Luken des vierstöckigen Dachgeschosses. Heute beherbergt das Unschlitthaus das Leihhaus und das Statistische Amt. An der Querseite des Gebäudes zur Oberen Wörthstraße ragt über dem gotischen Eingangsportal ein hoher Treppengiebel auf.

Unschlitthaus

17 | Trödelmarkt

Museum Henkerhaus Apr.–Dez.: Di–So 12–17 Uhr
Bratwurstmuseum Di–Fr 10–17 Uhr, Sa/So 10–18 Uhr

Vom Unschlittplatz führt der hölzerne Henkersteg zur Insel Trödelmarkt. Im Henkertum, der mit einer überbauten, zweibogigen Sandsteinbrücke mit dem Wasserturm verbunden ist und wie dieser 1320/25 als Pegnitzüberbrückung errichtet wurde, befindet sich eine Ausstellung über die Nürnberger Kriminal- und Rechtsgeschichte. Nachdem der Turm als Teil der »vorletzten« Stadtbefestigung nutzlos geworden war, befand sich darin die Dienstwohnung des Scharfrichters, der aufgrund seines unehrbaren Berufes abgesondert von der Bevölkerung leben musste.

Seit 2021 kann man sich im Bratwurstmuseum über die 700-jährige Kulturgeschichte und die Produktion der Nürnberger Spezialität informieren. Zeitgleich wurde die westliche Spitze des Trödelmarktes in Bratwurstgasse umbenannt. Seit dem Mittelalter wurde auf der Pegnitzinsel mit Schweinen gehandelt. Durch den zunehmenden Handel von Gebrauchtgegenständen wurde der Säumarkt Anfang des 19. Jahrhunderts in Trödelmarkt

Kaspar Hauser
Um 1812–1833, Findelkind. 1828 tauchte am Unschlittplatz ein unbekannter, geistig zurückgebliebener Jugendlicher mit anonym verfassten Briefen auf. Nachdem er zunächst einige Tage im Gefängnis »Luginsland« verbrachte, lebte er fortan unter der Obhut verschiedener Vormundschaftspersonen in Nürnberg. Nach einem angeblichen Attentat kam Hauser 1831 nach Ansbach. Bis heute ranken sich um seine Person zahlreiche Legenden, die von einer fürstlichen Herkunft über ein uneheliches Kind aus einfachem Hause bis hin zu einem Betrüger reichen.

Henkersbrücke und Wasserturm

umbenannt. Die im Krieg zerstörte charakteristische Bebauung mit vorgelagerten Verkaufsständen versuchte man beim Wiederaufbau nachzuempfinden. Von der östlichen Inselspitze erblickt man die im 16. Jahrhundert erbaute Fleischbrücke, neben der das Ochsen-Portal als Relikt an das ehemalige Fleischhaus erinnert.

Peter Henlein
Um 1480–1542, Schlosser. Henlein spezialisierte sich auf das Uhrmacherhandwerk und erwarb 1509 seinen Meistertitel. Bald darauf wurde er von Johannes Cochläus als Hersteller tragbarer Uhren erwähnt. Laut Nürnberger Stadtakten nahm Henlein in den 1520er Jahren mehrfach Uhren-Aufträge an. War man bisher davon ausgegangen, dass seine früheste tragbare Uhr von 1510 stammt, so verweist der jüngste Fund wohl auf das Jahr 1505. Dabei verkleinerte Henlein das ohne Gewicht funktionierende Uhrwerk mit bis zu 40 Stunden Laufzeit für einen sogenannten Bisamapfel, eine kleine Kugel für Duftstoffe.

18 | Deutsches Museum Nürnberg

Di–So 10–18 Uhr

Seit 1265 lag hier an der Pegnitz ein Augustinerkloster, das nach der Reformation aufgehoben und im 19. Jahrhundert abgebrochen wurde. An seiner Stelle wurde 2021 eine Zweigstelle des Deutschen Museums eröffnet. In den fünf Themenbereichen Arbeit und Alltag, Körper und Geist, System Stadt, System Erde sowie Raum und Zeit geht das Museum mit über 250 Exponaten und vielen Mitmach-Stationen der spannenden Frage nach, wie wir in den nächsten Jahrzehnten leben werden. Im sogenannten Augustinerhof, entworfen von dem Berliner Architekten Volker Staab, befinden sich außerdem Läden, Gastronomie und ein Hotel.

19 | Weißer Turm

Zurück auf der Lorenzer Seite, wo mit den Fußgängerzonen Karolinenstraße und Breite Gasse Nürnbergs beliebteste Shoppingmeilen liegen, sollte man seine Aufmerksamkeit zunächst zwei schönen Brunnen widmen. Auf dem Hefnersplatz erinnert der **Peter Heinlein**-Brunnen seit 1905 an den Erfinder der Taschenuhr. Der monumentale Ehekarussell-Brunnen auf dem Ludwigsplatz (Abb. siehe Umschlag), den Jürgen Weber 1984 schuf, bezieht sich auf das Gedicht »Das bittersüße eheliche Leben« von Hans Sachs, das auf einem Herz am Brunnen niedergeschrieben ist. Dahinter, am Ludwigsplatz 12–24, liegt die Wiege des traditionsreichen Modeunternehmens »Wöhrl«.

Heute frei auf dem Ludwigsplatz stehend, war der Weiße Turm einst Bestandteil der »vorletzten« Stadtbefestigung. Der aus dem 13. Jahrhundert stammende Sand- und Backsteinbau erhielt seinen Namen von dem Anstrich, mit dem er einst überzogen war. Als einer von zwei Schlagtürmen verkündete er seit 1440 neben den Kirchen von St. Sebald und St. Lorenz die Stundenzählung der **Nürnberger Uhr**. Der ehemals vorgelagerte Waffenhof wurde nach dem Krieg rekonstruiert. Seit 1978 gelangt man im Weißen Turm zur U-Bahn hinab.

Peter Heinlein-Brunnen

20 | Elisabethkirche

Hinter dem Weißen Turm weist eine erhabene Kuppel den Weg zur klassizistischen Elisabethkirche. Sie geht auf einen romanischen Vorgängerbau zurück, der dem gleichnamigen Spital des Deutschen Ordens als Kapelle diente. 1209 hatte Kaiser Otto IV. den vor den Toren der Stadt liegenden Königshof dem Orden übertragen, der Nürnberg zu einer bedeutenden Niederlassung ausbaute. Nach den Wirren der Reformation blieb die Deutschordenskommende die einzige katholische Enklave in der evangelischen Stadt. 1784 wurde die alte Elisabethkirche abgerissen, ein vollständiger Neubau ging schleppend voran. Durch die Säkularisation des Ordens fiel der Rohbau 1806 an das Königreich Bayern, das Gotteshaus wurde als Heulager, Baumagazin und Militärdepot zweckentfremdet. Ab 1885 wieder für katholische Gottesdienste genutzt, wurde St. Elisabeth erst nach der Wende zum 20. Jahrhundert endgültig fertiggestellt und 1905 offiziell konsekriert. Der Zentralraum des außergewöhnlichen Bauwerkes, dessen Raumwirkung durch hohe rote Marmorsäulen mit vergoldeten Kapitellen bestimmt wird, ist von einer voluminösen, 50 Meter hohen Kuppel überspannt.

21 | Jakobskirche

Am Standort der gegenüberliegenden Kirche lag ebenfalls der Königshof mit einer königlichen Kapelle, die seit 1209 dem Deutschherrnorden gehörte. Der heutige Nachfolgebau mit seitlich liegendem Turm entstand vermutlich Ende des 13. Jahrhunderts. Das ursprünglich einschiffige Langhaus wurde um 1500 nach Westen verlängert und durch zwei Seitenschiffe zu einer spätgotischen, flach gedeckten Hallenkirche erweitert. Bis 1532 wurde das Gotteshaus vom Deutschen Orden genutzt, anschließend fanden darin protestantische Gottesdienste statt, während das Deutschordensareal noch bis 1806 eine katholische Enklave blieb. Seit 1810 ist St. Jakob eine evangelische Pfarrkirche, die nach der Behebung der schweren Schäden des Zweiten Weltkriegs 1962 neu geweiht wurde. Im Inneren beeindruckt der um 1370 geschaffene, reich vergoldete Tafelaltar. Im Chor hängen bemalte »Aufschwörschilde« von Deutschordensrittern des 15. und 16. Jahrhunderts, die an die Ablegung der Ordensgelübde erinnern.

Zwischen den beiden Kirchen erinnert im Kopfsteinpflaster des Jakobsplatzes das Projekt »Namen und Steine« an Nürnberger AIDS-Tote.

Wohl seit dem 14. Jahrhundert galt in Nürnberg und Umgebung die **Nürnberger Uhr**, die nicht von mechanischen Turmuhren, sondern manuell durch Türmer von Kirch- bzw. Schlagtürmen angezeigt wurde. In althergebrachter Weise blieb man bei der gesonderten Einteilung eines Tages in den lichten Tag und die Nacht. Um sie den Jahreszeiten anzupassen, wurde die Nürnberger Uhr mehrfach im Jahr verstellt. Dadurch variierte die Tageszeit im Jahresverlauf zwischen acht und 16 ganzen Stunden und entsprach der Zeit zwischen Sonnenauf- und -untergang. Die Nürnberger Uhr war bis zur Eingliederung in das Königreich Bayern 1806 in Gebrauch.

22 | Zirkelschmiedsgasse

Gaststätte »Zum Gulden Stern« täglich 11–22 Uhr

Rund um St. Jakob entwickelte sich eine der typischen Handwerkervorstädte Nürnbergs. Südlich der Kirche begibt man sich nach einigen Schritten in der Jakobstraße in die Zirkelschmiedsgasse. Das Eckensemble **Nr. 26** beherbergt mit dem »Gulden Stern« Nürnbergs älteste, noch am gleichen Platz stehende Bratwurstküche, die 1419 erstmals urkundlich erwähnt wurde. In der **Zirkelschmiedsgasse 30** steht die einzige noch in der Altstadt erhaltene Scheune, die aus dem 15. Jahrhundert stammt. Von den »Altstadtfreunden« aufwendig saniert, findet in ihr mit »Kunst in der Scheune« ein abwechslungsreiches Kulturprogramm und der beliebte »Advent in der Scheune« statt. In der benachbarten Pfeifergasse befinden sich sehenswerte mittelalterliche Häuschen.

23 | Straße der Menschenrechte

Ein außergewöhnliches, begehbares Mahnmal befindet sich in der Kartäusergasse. Die 1993 fertiggestellte Straße der Menschenrechte des israelischen Künstlers Dani Karavan ist das größte Exponat des Germanischen Nationalmuseums. Sie besteht aus weißen Betonpfeilern, in die die Kurzfassung der dreißig Artikel der Menschenrechtserklärung der Vereinten Nationen von 1948 jeweils in Deutsch und einer anderen Sprache eingraviert ist. Das Mahnmal versteht sich als Bestandteil der Nürnberger Bestrebungen, sich als Stadt des Friedens und der Menschenrechte zu positionieren. Während der nationalsozialistischen Herrschaft war die fränkische Metropole die »Stadt der Reichsparteitage«, in der u. a. 1935 die antijüdischen »Nürnberger Gesetze« verabschiedet wurden.

Behaim-Globus

24 | Germanisches Nationalmuseum

Di–So 10–18 Uhr, Mi bis 20.30 Uhr

Die Einheit des »germanischen Kulturraums«, d. h. aller Gebiete mit deutscher Sprache, sollte nach dem Scheitern der Revolution von 1848 und der verpassten politischen Einigung der deutschen Staaten 1852 durch die Gründung eines länderübergreifenden, gemeinschaftsstiftenden Museums hervorgehoben werden, initiiert

Martin Behaim
1459–1507, Kaufmann. Der in Nürnberg geborene Patriziersohn wurde in den Niederlanden zum Tuchhändler ausgebildet und gehörte seit 1485 als Ritter dem portugiesischen Königshof an. Um Erbstreitigkeiten zu regeln, kam er 1490 vorübergehend in seine Heimatstadt zurück. In diese Zeit fiel vermutlich die Entstehung seines »Erdapfels«, den er gemeinsam mit Nürnberger Humanisten, Künstlern und Handwerkern anfertigte. Allerdings zeigt der Globus nur die Kontinente Europa, Asien und Afrika, sodass er durch die Entdeckung Amerikas schon bald überholt war.

von Hans von und zu Aufseß. Durch die Reichsgründung 1871 wurde das Museum offiziell zum »Nationalmuseum« deutscher Kunst und Kultur. Kurze Zeit nach seiner Gründung zog das GNM vom Tiergärtnertorplatz in das ehemalige Kartäuserkloster aus dem 14. Jahrhundert, dessen erhaltene Klosterkirche und Klosterhof mit Kreuzgang in die Ausstellung integriert sind. Nach schweren Kriegszerstörungen prägen die Museumsbauten des Architekten Sep Ruf aus den 1950er und 1960er Jahren am Kornmarkt sowie der 1993 entstandene gläserne Museumseingang in der Kartäusergasse das Erscheinungsbild des Museums.

Heute gilt das GNM mit über 1,3 Millionen Objekten als größtes kulturhistorisches Museum des deutschen Sprachraums. Darüber hinaus sind dem Traditionshaus Archive, eine wissenschaftliche Spezialbibliothek, das Institut für Kunsttechnik und Konservierung sowie ein hauseigener Verlag angegliedert, der durch seine Gründung 1853 den ältesten Museumsverlag der Welt darstellt. Die Dauerausstellung umfasst über 25 000 Exponate von der Ur- und Frühgeschichte bis heute, darunter bedeutende Kunstschätze wie der weltweit älteste erhaltene Globus des **Martin Behaim**, Gemälde von Albrecht Dürer oder Skulpturen von Tilman Riemenschneider und Veit Stoß.

25 | DB Museum Nürnberg

Di–Fr 9–17 Uhr, Sa/So 10–18 Uhr

Jenseits des Frauentorgrabens befindet sich in der Lessingstraße das DB Museum, das älteste Eisenbahnmuseum der Welt. Es zeigt eindrucksvoll die Geschichte der Eisenbahn von ihren Anfängen in England bis heute und setzt sie in Beziehung zu technischen, wirtschaftlichen und gesellschaftlichen Themen. Die aus England importierte Lokomotive »Adler«, die im Jahr 1835 auf sechs Kilometern Gleisen zwischen Nürnberg und Fürth der staunenden Bevölkerung erstmals dieses neue Fortbewegungsmittel zeigte, läutete das Eisenbahnzeitalter in Deutschland ein. Im Modellarium zeigen mehr als 2000 Modelle in verschiedenen Maßstäben die Vielfalt der Eisenbahn. Seit 2020 ist der »Wartesaal für Allerhöchste Herrschaften« von 1864 aus dem alten Nürnberger Centralbahnhof wieder Bestandteil der Dauerausstellung. Auf dem 15 000 Quadratmeter großen Freigelände (nur Apr.–Sep.) kann man anhand eines »Zeitgleises« die Entwicklung von Gleisen und Signalen nachvollziehen, Feldbahn oder Draisine besteigen oder das ehemalige Stellwerk des Nürnberger Hauptbahnhofs besichtigen.

Johannes Scharrer
1785–1844, Unternehmer und Politiker. Der Sohn eines Brauers gründete ein Unternehmen, das durch den Handel mit Hopfen reich wurde und bis heute als »Hopunion« arbeitet. Nachdem Scharrer zuvor maßgeblich an der Gründung der Städtischen Sparkasse beteiligt gewesen war, widmete er sich 1823–1829 als Zweiter Bürgermeister von Nürnberg besonders der Reform des Schulwesens. Ab 1833 bereitete Scharrer mit der »Ludwigs-Eisenbahn-Gesellschaft-Nürnberg« die Fahrt der Dampfeisenbahn »Adler« 1835 von Nürnberg nach Fürth vor. Von 1836 bis zu seinem Tod übernahm Scharrer den Vorsitz der Eisenbahngesellschaft.

26 | Opernhaus

www.staatstheater-nuernberg.de

Die 2003 zum Staatstheater Nürnberg erhobene Kultureinrichtung ist eines der großen deutschen Mehrspartentheater, das Oper, Schauspiel, Ballett und Konzert vereint. Der erfahrene Theaterarchitekt Heinrich Seeling projektierte zeitgleich das Frankfurter Schauspielhaus. Die prunkvolle Eröffnung des ab 1901 errichteten Gebäudes fand am 1. September 1905 unter anderem mit Wagners Oper »Die Meistersinger von Nürnberg« statt. Die Fassaden, bestehend aus Sandstein-Quadern der Nürnberger Umgebung, weisen ein Formgemisch von Neorenaissance, Neobarock und zarten Anklängen an den Jugendstil auf. Am prächtigsten dekoriert ist die östliche Seite als repräsentative Hauptfassade, wohingegen die Südfront fast schmucklos ist. Das Mosaik über dem Haupteingang stellt »Die drei Nornen unter der Welteneschе« aus der nordischen Mythologie dar, am Giebel thront über dem Nürnberger Stadtwappen die überlebensgroße Noris, eine Allegorie der Stadt, zu ihren Füßen sitzen der »Lustige Rat« und ein Meistersinger. Das Theater war mit modernster Bühnentechnik und höchstem Komfort ausgestattet, sein Inneres im damals modernen, üppigen Jugendstil dekoriert. Unter den Nationalsozialisten wurden die Innenräume 1935 versachlicht und nach der Kriegsbeschädigung nur vereinfacht wiederhergerichtet; der Außenbau wurde vollständig wiederaufgebaut. Südlich des Opernhauses befindet sich in Sichtweite das Schauspielhaus.

27 | Handwerkerhof

Mo–Sa 8–22.30 Uhr, So 10–22.30 Uhr, Eintritt frei

Der letzte Abschnitt der Frauentormauer führt zum Frauentor, benannt nach dem einst nahegelegenen Kloster der Klarissen. Es löste das innere Frauentor der »vorletzten« Stadtbefestigung ab, das Ende des 15. Jahrhunderts dem Bau der Mauthalle weichen musste. Der dazugehörige Frauentorturm erhielt als einer der fünf wichtigsten Türme der »letzten« Stadtbefestigung im 16. Jahrhundert eine mächtige runde Ummantelung sowie eine Plattform zum Aufstellen von Geschützen. Unterhalb des Turmes befand sich ein Waffenhof. 1971 eröffnete dort anlässlich der Feierlichkeiten zur 500. Wie-

derkehr von Dürers Geburtstag der Handwerkerhof als nachempfundenes mittelalterliches Viertel im Fachwerkstil. Das Gelände wurde jedoch nicht, wie ursprünglich geplant, im Folgejahr abgerissen, sondern blieb stehen und erfreut sich bis heute besonders bei Touristen ungebrochener Beliebtheit. Neben fränkischen Lokalen beherbergt das Ensemble verschiedene Läden und Gewerke. So kann man z. B. Goldschmieden, Keramikern, Zinngießern oder einer Holz-Brandmalerin bei der Arbeit zuschauen.

28 | Neues Museum

Di–So 10–18 Uhr, Do bis 20 Uhr

Der 1990 beschlossene Museumsneubau am weiträumigen Klarissenplatz, der mehrere Gebäude umfasst, wurde im Jahre 2000 eröffnet. Spektakulär ist die rund einhundert Meter lange, leicht gebogene Glasfassade, die Einblick ins Innere des Museums mit der Spiraltreppe gewährt. Die Sammlungstätigkeit konzentriert sich auf internationale Malerei, Plastik, Fotografie, Installationen und Videokunst von den 1950er Jahren bis zur Gegenwart sowie internationales Design seit 1945.

29 | Königstraße

Als südlicher Zugang zur Stadt dient die Königstraße, die 2022 zur kompletten Fußgängerzone erklärt wurde. Im Mittelalter als typische Handwerkergasse von einfachen Leuten bewohnt, erhielt die Straße 1810 den Namen des bayerischen Königs Maximilian I. Joseph. Seit der Errichtung des Hauptbahnhofes Mitte des 19. Jahrhunderts entwickelte sich die Königstraße zu einer wichtigen Verkehrsader und Geschäftsstraße, die mit gehobenen Gaststätten und Hotels aufwarten konnte.

Nach wenigen Metern liegt rechter Hand etwas versteckt die Kirche St. Martha. Als Bestandteil eines 1363 gestifteten Pilgerspitals wurde sie vermutlich 1385 geweiht. Infolge der Reformation wurde das Gotteshaus mehrere Jahrzehnte geschlossen und diente bis 1620 als Proben- und Aufführungsstätte der Nürnberger Meistersinger. 1800 wurde St. Martha der evangelisch-reformierten Gemeinde Nürnbergs übergeben. Ein Brand im Sommer 2014 zerstörte die Kirche weitgehend; sie wurde bis 2018 wiederaufgebaut. Die bedeutenden Chorfenster aus der Zeit um 1400 waren aufgrund von Renovierungsarbeiten vor dem Brand ausgebaut worden und konnten so bewahrt werden.

Chorfenster in St. Martha

Caritas Pirckheimer
1467–1532, Äbtissin. In Eichstätt als ältestes von zwölf Kindern geboren, trat Barbara unter dem Ordensnamen Caritas mit zwölf Jahren als Novizin in das Nürnberger Kloster St. Klara ein. Hoch gebildet, widmete sie sich klösterlichen Erziehungs- und Bildungsaufgaben sowie der Klosterbibliothek. 1503 wurde Caritas, die als Schwester des Humanisten Willibald Pirckheimer mit zahlreichen Gleichgesinnten in Kontakt stand, zur Äbtissin von St. Klara gewählt. Während des Übertretens Nürnbergs zur Reformation setzte sich die Altgläubige besonnen und von tiefer Frömmigkeit geprägt erfolgreich für den Fortbestand ihres Klosters ein.

30 | St. Klara

Schräg gegenüber befindet sich auf der anderen Seite der Königstraße die Kirche St. Klara. 1274 geweiht, zählt sie zu den ältesten erhaltenen Sakralgebäuden der Stadt. Sie wurde als Kloster des Ordens der Magdalenerinnen gegründet und ging kurze Zeit später an die Klarissen über. Während der Reformation wurde das Kloster aufgelöst, doch die Äbtissin **Caritas Pirckheimer** verhinderte die sofortige Schließung, sodass der Konvent erst mit dem Tod der letzten Nonne 1596 erlosch. Ihr Grabstein befindet sich neben dem südlichen Seitenaltar.

Nachdem St. Klara 1806–1854 als Warenlager und Messeplatz zweckentfremdet worden war, bestimmte man sie zum zweiten katholischen Gotteshaus nach der Frauenkirche. Um 1900 wurden die umgebenden Klostergebäude abgebrochen. Aufgrund ihrer Zugehörigkeit zu einem Bettelorden präsentiert sich die tonnengewölbte, einschiffige Kirche mit Dachreiter als schlichtes Bauwerk. Seit 1996 besitzt St. Klara keine feste Kirchengemeinde, sondern veranstaltet als »Offene Kirche« Gottesdienste und kulturelle Veranstaltungen verschiedener Konfessionen. Im Zuge einer Generalsanierung wurde 2007 der modern gestaltete Eingangsbereich in die seitliche Pirckheimer-Kapelle verlegt, deren Mittelpunkt eine Madonna mit Kind aus dem 15. Jahrhundert ist. Durch die Kapelle gelangt man zum westlich gelegenen, ehemaligen Nonnenfriedhof. Von dort erblickt man die interessante, aus Sandsteinquadern und Backsteinen gemauerte Westfassade der Kirche mit gotischem Hauptportal und der Pforte zum Nonnenchor, gelegen auf halber Höhe. Auf dem Vorplatz an der Königstraße steht die 1957 geschaffene Bronzeplastik »Hiob« von Gerhard Marcks.

»Hiob« von Gerhard Marcks

31 | Mauthalle

Am nahegelegenen Hallplatz erbaute der Architekt Hans Beheim d. Ä. entlang der ehemaligen Verlaufslinie der »vorletzten« Stadtmauer um 1500 das größte Kornhaus der Stadt. Ab 1572 diente der Getreidespeicher zudem als Waag- und Zollamt, daher die Bezeichnung Mauthalle. Während Aufzugsluken und -erker sowie das fünfgeschossige, gaubenbestückte Dach aus der Entstehungszeit rühren, stammt das Ladengeschoss aus dem ausgehenden 19. Jahrhundert. Die im Krieg völlig zerstörte Mauthalle wurde in den 1950er Jahren wiederaufgebaut. Sehenswert sind der mit einem Maschennetz

verzierte Giebel sowie das Spitzbogenportal mit Stadtwappen von Adam Kraft.

Umrundet man das über 80 Meter lange Bauwerk, gelangt man an der rückwärtigen Giebelfront zum ehemaligen Zeughaus. Auch dieser reichsstädtische Bau wurde im 16. Jahrhundert entlang der alten Stadtmauer errichtet. Allerdings hat sich von dem einst langgestreckten Gebäudeensemble nur der Portalbau mit charakteristischer Rustikaquaderung und den halbrunden Türmen erhalten. Unweit von Mauthalle und Zeughaus wurde in der Johannesgasse der Unternehmer **Johann Sigmund Schuckert** geboren.

Johann Sigmund Schuckert
1846–1895, Feinmechaniker und Unternehmer. Schuckert ließ sich nach Gesellenjahren und Aufenthalt in den USA 1873 in seiner Geburtsstadt Nürnberg nieder. Aus seiner im gleichen Jahr gegründeten Werkstatt für kleine Maschinen und Werkzeuge entwickelte er ein Unternehmen für elektrotechnische Produkte. 1893 wurde die Firma »S. Schuckert & Co.«, bekannt auch für ihr soziales Engagement, in die »Elektrizitätsaktiengesellschaft« umgewandelt. Sie fusionierte 1903 mit dem Konkurrenten »Siemens & Halske« und gelangte als »Siemens-Schuckert-Werke« (ab 1966 Siemens AG) zu Weltruhm.

32 | St. Lorenz

Mo–Sa 9–17.30 Uhr, So 12–15.30 Uhr
Führung 14 Uhr, **Turmführung** Sa 14/15.30 Uhr

Um die beeindruckende Doppelturmfassade der hochgotischen Lorenzkirche zu bestaunen, sollte man sie von der Karolinenstraße aus betrachten. Zwischen den beiden schlanken Spitzhelmen bestícht die kunstvolle Westfront von St. Lorenz mit reich geschmücktem Spitzbogenportal, Maßwerkgalerie, Fensterrose und Ziergiebel im Stil französischer Kathedralen. Der im 13. Jahrhundert begonnenen, dreischiffigen Basilika wurde Mitte des 15. Jahrhunderts ein Hallenumgangschor angefügt. Als zweite Nürnberger Pfarrkirche neben St. Sebald wurde die Lorenzkirche namensgebend für den südlich der Pegnitz gelegenen Stadtteil, in dem um 1300 etwa 10 000 bis 15 000 Menschen lebten. Die Lorenzkirche war 1525 unter Federführung des Predigers **Andreas Osiander** eine der ersten, die im Zuge der Reformation zum evangelisch-lutherischen Glauben übertrat. Trotzdem blieb das Gotteshaus von wütenden »Bilderstürmern« weitgehend verschont, da die vorreformatorischen Kunstschätze größtenteils auf Stiftungen wohlhabender Nürnberger Bürger zurückgingen. Im Zweiten Weltkrieg waren sie glücklicherweise im Kunstbunker eingelagert oder in der Kirche eingemauert worden. Das schwer zerstörte Gotteshaus wurde nach dem Krieg wiederaufgebaut, 1952 fand der erste Gottesdienst statt.

»Engelsgruß« von Veit Stoß

Andreas Osiander
1498–1552, Theologe und Reformator. Osiander kam Anfang der 1520er Jahre nach Nürnberg. Im März 1525 nahm er als reformatorisch gesinnter Prediger der Lorenzkirche federführend am Nürnberger Religionsgespräch teil. Nach Durchsetzung der Reformation erarbeitete er für die Stadt eine neue Kirchenordnung. Gegen Luthers Widerstand setze Osiander 1543 das Erscheinen von Kopernikus' Werk »De Revolutionibus Orbium Coelestium« durch. 1549 ging Osiander als Theologieprofessor an die Universität Königsberg.

Aus der reichen Innenausstattung sei das spätgotische **Sakramentshäuschen** (siehe Umschlag) von Adam Kraft in Form einer überdimensionalen Fiale hervorgehoben. Der Bildhauer, der sich mit Steinmetzzeug unterhalb als hockende Figur selbst verewigte, schuf das turmartige, rund 20 Meter hohe, sandsteinerne Tabernakel 1493–1496. Es zeigt verschiedene Szenen des Leidens Christi und diente in vorreformatorischer Zeit zur Aufbewahrung der geweihten Hostien. Nicht minder wertvoll ist der von Veit Stoß ausgeführte **Engelsgruß**, der vom Chorgewölbe herabhängt. Entstanden 1517/18, zeigt die vollplastische Schnitzerei den Erzengel Gabriel, Maria die Geburt Jesus verkündend. In einen Kranz von Rosen eingefasst, erkennt man oben den segnenden Gottvater und unten die Schlange mit angebissenem Apfel im Maul. Und noch ein weiterer bedeutender Nürnberger Künstler der Renaissance verewigte sich in St. Lorenz: Peter Vischer mit seinem zweigeschossigen **Bronzeleuchter** im Langhaus. Erwähnt seien außerdem das Kruzifix über dem Hauptaltar, ein Spätwerk von Veit Stoß, zahlreiche Flügelaltäre u.a. von Michael Wolgemut und Hans Pleydenwurff, bedeutende spätgotische Glasfenster sowie Totenschilde von Nürnberger Patriziern.

Den in der Nähe stehenden **Tugendbrunnen** zieren über einem Sandsteinbecken sechs allegorische Figuren der Tugenden, darüber Knaben mit Nürnberger Wappenschilden. Die Spitze des bronzenen Brunnens aus dem 16. Jahrhundert wird von Justitia, gekennzeichnet durch Schwert, Waage und verbundene Augen, bekrönt.

Tugendbrunnen

33 | Nassauer Haus

Gegenüber der Lorenzkirche erhebt sich mit dem Nassauer Haus der letzte existierende, nach dem Zweiten Weltkrieg wiederaufgebaute mittelalterliche Wohnturm Nürnbergs. Während der Keller und die ersten beiden Stockwerke ins 12. bzw. 13. Jahrhundert datiert werden, wurden die Obergeschosse im 15. Jahrhundert aufgestockt. Durch Chörlein und Ecktürmchen erhielt das romanische Gebäude gotischen Schmuck. Ein ebenfalls aus dieser Zeit stammender Zinnenkranz verlieh dem Nassauer Haus wehrhaften Charakter. Der Wappenfries

LUSH

gilt als früheste Darstellung der beiden sogenannten kleinen und großen Nürnberger Stadtwappen sowie des Nebeneinanders von Königs- und Kaiseradler. Das Nassauer Haus, dessen Name sich wohl unbegründet auf den König Adolf von Nassau bezieht, gehörte seit 1581 der Patrizierfamilie Schlüsselfelder von Kirchensittenbach und nach deren Aussterben 1709 ihrer testamentarisch begründeten Familienstiftung.

34 | Heilig-Geist-Spital

Restaurant und Weinstube 11.30–23 Uhr

Von der **Museumsbrücke** bietet sich zur Rechten mit dem über einen Pegnitzarm reichenden Heilig-Geist-Spital eine beliebte Nürnberger Stadtansicht. Die beiden Inschriftentafeln zu Ehren von Kaiser Leopold I. und dessen Sohn Joseph in den kanzelartigen Auskragungen der Brücke blieben von der 1700 erbauten Vorgängerbrücke erhalten. Am südlichen Ufer der Pegnitz entlang gelangt man zur Heubrücke, an der auf der Vorderen Insel Schütt der **Schuldturm** aufragt. Als Teil der »vorletzten« Stadtbefestigung markierte er den Einfluss der Pegnitz in die

Blick von der Museumsbrücke auf die »Sude« des Heilig-Geist-Spitals

Stadt. Da er als Gefängnis für Männer diente, bezeichnete ihn der Volksmund auch als »Männereisen«. Das dazugehörige »Weibereisen« lag südlich der Pegnitz auf der Lorenzer Stadtseite.

Das Heilig-Geist-Spital, bis heute als Seniorenheim dienend, geht auf die Stiftung des Patriziers Konrad Groß in den 1330er Jahren zurück. Als Kaufmann reich geworden, war der Reichsschultheiß Finanzier des Kaisers Ludwig des Bayern. Seine fromme Gründung einer Heimstatt für alte und kranke Bewohner galt im Mittelalter als eine der größten von Einzelpersonen getätigten Stiftungen und sollte zur Wahrung seines Seelenheils beitragen. Die aus der Entstehungszeit stammende Spitalkirche genoss zwischen 1424 und 1796 als Aufbewahrungsort der **Reichskleinodien** reichsgeschichtliche Bedeutung. Nach schweren Kriegszerstörungen wurde sie jedoch im Gegensatz zu den übrigen Spitalgebäuden nicht wieder aufgebaut. Übrig blieben zwei Seitenwände, Turm und der Dachreiter. Zu Beginn des 16. Jahrhunderts wurde das Spital erweitert. Aufgrund fehlenden Platzes musste der Baumeister Hans Beheim d. Ä. den sumpfigen Untergrund des Flussufers nutzen. Er ließ zwei parallele Bauten errichten, die mittels zweibogiger Flussüberbrückung bis zur Insel Schütt reichen.

Kreuzigungshof

Die **Reichskleinodien** verblieben, bis auf die in Aachen verwahrten Krönungsstücke, im Besitz des Herrschers. Um sie vor Hussiteneinfällen zu schützen, gab Kaiser Sigismund die Kostbarkeiten, darunter Reichskrone, -zepter, -apfel, -schwert und Krönungsmantel, 1424 zur Verwahrung nach Nürnberg. Aus Angst vor napoleonischen Übergriffen wurde der Reichsschatz 1796 nach Wien gebracht. Auf Geheiß Hitlers wurden sie 1938 in der Nürnberger Katharinenkirche ausgestellt. Danach überdauerten sie den Zweiten Weltkrieg im Historischen Kunstbunker und wurden dann in die Wiener Hofburg transferiert.

ZERSTÖREN DAS LEBEN

Auf der Vorderen Insel Schütt befindet sich ein Zugang zum Spitalgelände. Eine Freitreppe führt zum sogenannten »Bau«, der einen großen Arkadenhof mit Holzgalerien umschließt. Unter dessen Pflaster erspäht man die Pegnitz. Da in dem Hof 1902 eine Kreuzigungsgruppe von Adam Kraft (ursprünglich am Johannisfriedhof) aufgestellt wurde, ist er auch als Kreuzigungshof bekannt. In der sich anschließenden Halle befinden sich die künstlerisch wertvollen Hochgräber der beiden wichtigsten Mäzene des Heilig-Geist-Spitals, Konrad Groß und Herdegen Valzner. Durch einen Wasserhof getrennt schließt sich mit der »Sude« jener Gebäudeteil an, dessen Front von der Museumsbrücke aus zu sehen ist.

Die Spitalbrücke führt auf die Sebalder Stadtseite, wo ein Gedenkstein an die bereits 1938 zerstörte Synagoge erinnert. Vom **Hans-Sachs-Platz** aus, auf dem ein Denkmal zu Ehren des wohl bekanntesten Nürnberger Meistersängers steht, kann man die Spitalgebäude näher erkunden. Im Hanselhof, zu erreichen über die Gaststätte, steht mit dem Hanselbrunnen aus dem 14. Jahrhundert eine der ältesten Gussplastiken Nürnbergs (Kopie). An der Einmündung der Spitalgasse in die Plobenhofstraße kommt man zum **»Narrenschiff«**, einer Plastik des Bildhauers Jürgen Weber, geschaffen in Anspielung an eine Satire des Humanisten Sebastian Brant.

Hans Sachs

1494–1576, Schuster und Dichter. Seit 1520 Meister des Schuhmacherhandwerkes, kam der gebürtige Nürnberger früh mit dem Meistergesang in Kontakt. Dabei taten sich seit dem 15. Jahrhundert besonders in Süddeutschland Laien, hauptsächlich Handwerker, zusammen, um in öffentlichen Wettbewerben geistliche und weltliche Lieder vorzutragen. Unter Sachs erlebte der Meistersang im Dienste der Reformation einen Höhepunkt. Hans Sachs schuf unzählige Werke, darunter über 4000 Meisterlieder, Gedichte und Dramen. Richard Wagner ehrte den Handwerker in seiner 1868 uraufgeführten Oper »Die Meistersinger von Nürnberg«.

35 | Dokumentationszentrum Reichsparteitagsgelände

Bayernstraße 110, tägl. 10–18 Uhr

Die Nationalsozialisten knüpften an Nürnbergs Tradition als Ort mittelalterlicher Reichstage an und bestimmten es 1933 zur »Stadt der Reichsparteitage«. Diese fanden bis 1938 jährlich im September auf einem riesigen Areal im Süden Nürnbergs statt und dienten zur Inszenierung der »Volksgemeinschaft«. Über das neue Medium Rundfunk wurden sie im gesamten Reich ausgestrahlt. Albert Speer konzipierte die größenwahnsinnige Kulisse zur Repräsentation der NS-Ideologie, darunter das Zeppelinfeld mit einer riesigen Tribüne (heute Norisringrennen), die Große Straße als Paradeallee oder die für 50 000 Men-

Oben: Hans-Sachs-Denkmal
Links: Plastik »Narrenschiff«

Anton Koberger
Um 1440–1513, Buchdrucker, -händler und Verleger. Noch im Jahrhundert der Erfindung des Buchdrucks durch Johannes Gutenberg stieg Nürnberg zu den führenden Druckorten im Deutschen Reich auf. Koberger, Taufpate von Albrecht Dürer, gründete um 1470 in Nürnberg eine eigene Druckerei, die sich im Laufe der Zeit zu einem überregional bekannten Großbetrieb mit über zwanzig Pressen und Zweigniederlassungen in ganz Europa entwickelte. Zu den berühmtesten Schriften seiner Werkstatt zählt die reich bebilderte Schedel'sche Weltchronik von 1493.

schen geplante Kongresshalle (Architekten: Ludwig und Franz Ruff). Obwohl nie fertiggestellt, ist sie heute einer der größten erhaltenen Monumentalbauten aus der Zeit des Nationalsozialismus in Deutschland und beherbergt im nördlichen Kopfbau seit 2001 das 2025 neu eröffnende Dokumentationszentrum mit einer Dauerausstellung. Im Zweiten Weltkrieg wurde das riesige Areal als Lager für Zwangsarbeiter und Kriegsgefangene genutzt, 1945–1949 als Internierungslager für Deutsche. Auf der Suche nach dem richtigen Umgang mit der schwierigen Vergangenheit wird die Gegend um den Dutzendteich heute wieder als beliebtes Naherholungsgebiet sowie als Veranstaltungsort genutzt. Das Gelände kann mit Hilfe von Informationstafeln oder einer App erkundet werden.

36 | Johannisfriedhof

Johannisstraße, Apr.–Sep. 7–19 Uhr; Okt.–März 8–17 Uhr

Der jahrhundertealte Johannisfriedhof gehört zu den bedeutendsten und schönsten Friedhöfen Europas. Seine einmalige Atmosphäre, die durch die einheitlichen, in strengen Reihen liegenden Sandsteingräber entsteht, die in der warmen Jahreszeit mit einem Blumenmeer geschmückt sind, ist beeindruckend. Beim Gang über den Friedhof kann man die Gräber berühmter Persönlichkeiten wie Albrecht Dürer, **Anton Koberger**, Willibald Pirckheimer, Veit Stoß oder Anselm Feuerbach entdecken sowie kunst- und kulturgeschichtlich bedeutende Sepulkralkultur bewundern. Da sich die Bestatteten aufgrund der normierten Grabsteine nur durch die auf den Gräbern angebrachten Epitaphe hervorheben konnten, ist auf dem Friedhof eine Vielzahl an Bronze- und Messingtafeln aus sechs Jahrhunderten zu bestaunen.

Die Ursprünge des Ortes gehen auf den Siechkobel St. Johannis, ein Spital für Leprakranke, zurück, das 1234 erstmals urkundlich erwähnt wurde. Mitte des 13. Jahrhunderts wurde eine erste Kapelle geweiht. In den 1490er Jahren entstand in der Werkstatt des Adam Kraft ein Kreuzweg, der am Pilatushaus (siehe S. 24) beginnt und über die Burgschmiet- und Johannisstraße zum Friedhof führte. Eine Kreuzigungsgruppe (Fragmente seit 1902 im Heilig-Geist-Spital) sowie die Grablege Christi in der Holzschuherkapelle bildeten die letzten Stationen. Im frühen 16. Jahrhundert zur Grablege für Sebalder Bewohner erhoben und mehrfach erweitert, befinden sich auf dem bis heute genutzten Friedhof etwa 6500 Gräber.

Nürnberg an einem Tag. Ein Stadtrundgang
Herausgegeben von Mark Lehmstedt

Text: Kristina Kogel
Lektorat: Kristina Schulze / Lehmstedt Verlag
Karte: OpenStreetMap-Mitwirkende, geodressing.de
Fotos: Günter Müller, außer: Hajo Dietz/Nürnberg Luftbild (S. U2, 18, 62), Verlagsarchiv (S. 1–5), © Bayerische Schlösserverwaltung/Stefan Wallerius (S. 16), © Bayerische Schlösserverwaltung/ Maria Scherf/München (S. 19 u., 20, 21), Nikolay Mihalchenko/Alamy Stock Photo (S. 27), Helmut Meyer zur Capellen (S. 28 o.), imageBROKER /Alamy Stock Photo (S. 31, 32), Kristina Schulze (S. 33, 34, 37, 44 o.), Germanisches Nationalmuseum (S. 45 o.), Neues Museum Nürnberg/CC BY-SA 4.0 (S. 50)
Gestaltung: Mareike Bardenhagen / Lehmstedt Verlag
Druck: druckhaus köthen GmbH & Co. KG, Köthen (Anhalt)

Umschlag:
1: Schöner Brunnen und Frauenkirche
2: Ehekarussell-Brunnen und Weißer Turm
3: Luftbild, 2022
4: Sakramentshäuschen in St. Lorenz
5: Hauszeichen an der IHK (auch Waagamtsrelief)
S. 64: Großes und Kleines Stadtwappen

© Lehmstedt Verlag, Leipzig
1. Auflage, 2023
ISBN 978-3-95797-154-8